城市治理
一网统管

A STEP TOWARDS URBAN COMPUTING
A KEY PART OF DIGITAL GOVERNMENT

郑宇◎著

机械工业出版社
China Machine Press

图书在版编目（CIP）数据

城市治理一网统管 / 郑宇著 . -- 北京：机械工业出版社，2022.5
ISBN 978-7-111-70622-9

Ⅰ. ①城… Ⅱ. ①郑… Ⅲ. ①城市管理 - 研究 - 中国 Ⅳ. ① F299.22

中国版本图书馆 CIP 数据核字（2022）第 069183 号

城市治理一网统管

出版发行：	机械工业出版社（北京市西城区百万庄大街 22 号 邮政编码：100037）		
责任编辑：	李永泉	责任校对：	马荣敏
印　　刷：	北京宝隆世纪印刷有限公司	版　　次：	2022 年 6 月第 1 版第 1 次印刷
开　　本：	170mm×230mm　1/16	印　　张：	10.25
书　　号：	ISBN 978-7-111-70622-9	定　　价：	79.00 元

客服电话：（010）88361066　88379833　68326294　　投稿热线：（010）88379604
华章网站：www.hzbook.com　　　　　　　　　　　　　读者信箱：hzjsj@hzbook.com

PREFACE —————— 前言

自 2006 年以来，我一直在智能城市领域工作，前 10 年的时间更多放在城市计算理论体系的打造和技术研发上，后来城市计算在国际上逐渐形成了一个研究方向。2012 年开始，我有幸跟着各级政府一起参与到智能城市建设中，一边持续钻研城市计算理论，一边把积累的技术用于实践，解决城市面临的挑战。

我在过去 16 年的从业时间里，完成了两本英文书籍——*Urban Computing* 和 *Computing with Spatial Trajectories* 的写作，分别由 MIT 出版社和 Springer 出版社出版，后来被翻译成不同的语言，成为一些大学的教材。尽管国内有不少出版社邀约，希望我也能撰写相关的中文书籍，但鉴于我这几年一直深扎在一些具有战略意义的重大项目中，将更多的精力放在一线的探索实践和团队建设上，一直未能动笔。另一个原因也许是我认为之前的积累还不足以构成一本新的书籍，希望自己能用有限的时间给社会留下更多的精华。直到最近，有专家、同行和政府管理者从不同的渠道建议我撰写一本关于一网统管的书籍，我才再次感受到了写书的必要性和迫切性。因此，尽管我认为这本书还有很多不足之处，但鉴于眼下强烈的需求，并考虑到知识的时效性，倒也机缘巧合地促成了我的第一本中文书籍。

在国家提出"推进国家治理体系和治理能力现代化"这个重大战略命题之后，各地政府开始积极探索提升城市治理体系和能力的道路，尤其在新冠肺炎疫情期间，单个政府部门无法独立应对复杂而紧迫的局势，条块分割的治理力量要抗击来势汹汹的疫情也略显疲惫和吃紧，因此，加快构建城市治理一网统管的新格局变得更加迫切。

近几年我有幸跟地方政府一起建设了多个一网统管项目，其间团队和政府紧密协作，一起克服了很多困难，尝试了不少创新，积累了一些经验，也取得了初步的成果。在此过程中，我们不仅沉淀了关于一网统管的业务知识，构建了一网统管的核心系统和平台，也从地方政府的各级管理者，尤其是最高管理者身上学到了很多治理城市的理念、施政方针，在技术创新与机制创新的结合及相互驱动方面，也收获了一些心得体会。

跟一般的智慧城市项目不同，一网统管既不是单一部门的业务系统建设，也不是单纯的系统集成项目。一网统管项目的覆盖面广，涉及整个城市的方方面面，这决定了它需要用全域的视野和更高的格局来看问题，做规划。一网统管项目的复杂度高，涉及很多机构、群体和多级联动，这决定了它需要强大的协调和推动能力来穿针引线，整合零散力量。一网统管项目的技术难度大，需要在打通各部门数据的基础上，进一步联通各部门的业务系统，让指令可以在不同部门之间流转，完成对事件的高效、协同处置。一网统管项目的投入大、周期长、未知点多，这决定了它需要强大的运行保障能力和果敢的决策效率来加快建设过程，确保目标达成。要实现以上目标，既需要城市最高管理者高位引领、统筹规划以及项目专班的强力推进，也需要技术创新和机制创新的双轮驱动，还需要政府和企业的紧密配合、协同作战。

面对一网统管的积极探索和战略命题，为了获得更好的成效，很多地方政府有以下希望：对一网统管能有更深刻的理解，并把握好其发展的脉络；学习到更多的先进经验和理念，并跟当地的现状和特点结合；能更加高效地推进一网统管的建设过程，并充分利用好已有资源，减少不必要的开销。而当前该领域的书籍稀缺，成体系的知识沉淀和全方位的思考探讨比较匮乏，一些城市的经验无法及时提炼总结、借鉴传承，不少地方政府的管理者在与我交流后多次表示希望我能够把这些经验和方法总结下来，以帮助各地方政府更好地推进治理体系和治理能力现代化，这也是我写这本书的最主要原因。

在构建城市治理一网统管的新格局过程中，参与到其中的很多企业也同样面临着困惑。例如：如何快速了解一网统管的业务知识，突破其中的关键技术，提供切实可行的技术方案？如何设计用于实战的创新应用，彰显一网统管的价值？如何针对此类项目选择高效、合规的商务模式，设计好推进路线，确保项目的顺利开展？这些都是众多企业遇到的共性问题。只有企业在一网统管领域的认知和能力得到同步提升，才能配合政府高效、高质量地完成这一战略任务。这也是我当前撰写此书的另一原因。

从受众的角度考虑，本书并没有对技术和系统做过深的讲解，而是从一网统管的认知、实现路径和未来发展三个方面展开论述，希望能对政府工作人员和行业从业者有所帮助，最终为推进国家治理体系和治理能力现代化助力。

由于我在撰写本书的同时，还承担着很多重要的工作，白天事务繁忙，因此，大部分写作时间集中在清晨五点左右，通常当天的写作计划完成时，天也放明，常常能看到窗外旭日东升，释放着火红的暖意和蓬勃的动能，迎着朝阳开始一天的工作，力量和责任感也在心中油然而生。

郑　宇

2022 年 3 月 21 日于北京

ABOUT THE AUTHOR ———— 作者简介

郑宇　博士 ————————————

京东集团副总裁、京东科技首席数据科学家、
IEEE Fellow、美国计算机学会杰出科学家。

　　具有 15 年以上中美领先科技公司的管理和产品研发经验，以
及在与政府十多年的合作过程中积累的模式创新和项目落地经验。
2018 年 2 月加入京东集团，之前他在微软亚洲研究院工作了 12
年，是城市计算领域负责人。他还是上海交通大学讲座教授，南京
大学、香港科技大学等多所知名高校的客座教授和兼职博导。

　　他是城市计算领域的奠基人，在国际上开辟了城市计算领域和
学科，为智能城市的建设提供了理论基础，个人专著成为该领域的
第一本教材，在城市计算和时空数据挖掘两个领域学术影响力世界
第一；他的两项研究成果历经行业 10 年的验证，连续两次获得时
空数据领域国际最高奖项 SIGSPATIAL 10-Year-Impact Award，

开创了一人连续两次获此殊荣的先河；在 AI2000 全球学者影响力排名中，他在数据挖掘领域连续多年位列中国第一；2013 年被《MIT 科技评论》评为全球杰出青年创新者。

他是大数据和人工智能领域的领军人物和实践者，先后担任人工智能顶尖国际期刊 *ACM TIST* 的主编，ACM 数据挖掘中国分会主席，多个大数据、人工智能领域顶尖国际会议主席，以及国家重点研发计划项目首席科学家、总负责人，促进了该领域学术界和工业界的融合，提升了中国在该领域的国际话语权。他是国际人工智能大会（AAAI）从中国邀请的首位大会报告讲者，打破了欧美学者在该领域的垄断地位。他作为标准组主席牵头制定城市操作系统国际标准，帮助中国抢占技术制高点，推动我国成为全球智慧城市技术创新的引领者。2014年，由于主导的城市计算具有巨大的商业前景和改变行业格局的潜力，他被美国《财富》杂志评选为中国 40 位 40 岁以下商界精英之一。

他开创了京东智能城市业务板块，为全国 70 多个城市提供服务，主导工业界和政府侧亿级经费以上大型项目 20 余个，被授予首都劳动奖章。他带领团队研发的城市操作系统成为雄安智能城市的数字基石，助力了国家的"千年大计"，获得中国计算机学会科技进步杰出奖；他带领团队在南通建设了中国第一个市域治理指挥中心，成为国家级标杆，并在后续主导了十余个城市的一网统管项目；他带领团队与北京市一起推出了中国首个面向政府的协同办公系统，显著提高了政府的工作效率；他为北京国际大数据交易所搭建的技术服务体系，开启了中国数据交易的新篇章；他设计的消费促进平台，为十几个城市累计发放了数十亿的消费券和数字货币，通过线上线下融合的技术和消费模式创新，拉动消费数百亿元，促进了国内经济的大循环。

CONTENTS ————— 目录

第二篇　一网统管的实现路径

第三篇　一网统管的未来发展方向

CHAPTER

CHAPTER

第0章

引 言

　　城市化进程带来了人口和产业的聚集，促进了城市基础设施的不断完善和上层业态的蓬勃发展，各种生产要素的日新月异以及在城市空间里的相互交融，也进一步加速了城市的运行效率、经济增长和城市自身的更新迭代。

　　在城市设置变得越来越复杂、运行效率越来越高、演进速度越来越快的大环境下，如何管理和服务好一座城市的各类群体、各种业态、各大产业，维护好城市中的基础设施、生态环境和安全稳定，确保城市高质量、可持续发展是一个极具挑战性的难题，也关乎国家的长治久安和发展步伐。

　　2013年，党的十八届三中全会首次提出"推进国家治理体系和治理能力现代化"这个重大命题，并把"完善和发展中国特色社会主义制度、推进国家治理体系和治理能力现代化"确定为全面深化

改革的总目标。2019年，党的十九届四中全会做出坚持和完善中国特色社会主义制度、推进国家治理体系和治理能力现代化的重大决定，2020年，党的十九届五中全会对推进国家治理体系和治理能力现代化做出一系列新部署，为国家治理的提升指明了方向、目标和路径，大大加快了治理能力和制度建设的步伐。

城市治理是国家治理在城市范围的具体实施，关乎城市的安全稳定、综合实力和运行效率。同时，城市治理也是国家治理体系中承上启下的枢纽，关乎整个国家的发展效率和改革步伐。近些年，政府作为城市的管理和服务者，不断加强数字政府的建设，提升整个城市的信息化和智能化水平，以承接这一伟大的使命。

0.1 数字政府的发展历程

回顾过去数年的发展，数字政府的建设已经经历了以下五个阶段的前三个阶段，来到了城市治理一网统管的第四阶段，未来将向双网融合的第五阶段演进。

第一阶段：垂直业务系统的信息化建设

在这个阶段，面向单个业务部门，解决部门业务应用中的需求和难点，例如城管业务系统、环卫系统等，各系统独立运行，并不联通。这些系统也直接使用原始数据来完成业务，尚未利用智能分析的手段去挖掘数据背后更深层次的价值。

第二阶段：政务服务一网通办

在这个阶段，政府把对居民和企业的政务服务集中到一个办事大厅，实现"一站式办理"，或者整合到一个 App 上面，倡导"不见面办理"。

第三阶段：垂直领域的智能大脑

这个阶段建设的系统平台开始打通一些部门的数据，也开始使用一些智能算法来分析数据，但仍然用这些数据和智能算法去服务单个部门的业务（如交通大脑、环境大脑等）。

例如，环保部门在对未来空气质量进行预测时，需要用到空气质量数据、实时气象、天气预报和交通流量等信息。由于这些数据归属于不同的部门，为了能实现准确预测，就需要打通这些部门的数据，但空气质量预测这项工作还是环保部门单个部门的业务。

另外，虽然实现了一些部门的数据共享，但并未打通这些部门的业务系统，业务指令仍然无法在这些部门之间流转，因此，无法实现多部门联合处置同一事件。

第四阶段：城市治理一网统管

一网统管是城市管理的新一代基础设施，架构于各部门已有垂直业务系统之上，将城管、应急、综合治理等业务对应的网络和系统全面打通，向上可为市委市政府提供辅助决策，向下可以连接社区、街道，支撑基层治理。

一网统管不仅全面打通（而非局部打通）各部门数据，还进一步打通各业务系统，实现指令跨部门流转、事件联合处置，涉及的应用也常常横跨多个部门的业务（而非单一部门的应用）。例如，危化品运输车辆翻倒的问题与应急办、交通运输局、消防部门、生态环境部门都相关，不是某个部门的专属业务。

第五阶段：一网通办和一网统管的双网融合

在这个阶段，面向全市域范围，以"政府运行一网协同"来带动"城市治理一网统管"和"政务服务一网通办"的双网融合。一个城市中的治理和服务是相辅相成的两种能力，治理的目的是提供更好的服务，服务能解决治理过程中的问题根源。通过两者的功能互补、结果互利、人员复用、系统联通和数据共享，来提升城市的治理和服务能力，推动城市不断发展，最终实现共建、共治、共享的新格局。

0.2　一网统管应运而生

加快推进国家治理体系和治理能力现代化，加速构建城市治理一网统管的新格局已经在我国拉开序幕，很多地方政府都把一网统管作为工作目标写入了政府工作报告和"十四五"规划，不少城市已经开始着手一网统管项目的建设，甚至有的城市已经取得了初步成果，积累了宝贵经验。

此时，阐明一网统管的定义，明确其定位、目标和业务范畴，理解一网统管对于城市治理的价值、战略意义和面临的挑战就变得尤其重要，有助于在一网统管项目开始之前建立精准的认知、设定正确的方向和做出合理的评估。这也是本书第一篇涵盖的重点内容。

各地还希望相互学习和借鉴一网统管项目的实现路径，包括确定建设模式、运用关键技术、搭建核心系统、设计创新应用，让建设过程少走弯路，提升人效和资源利用率，确保项目成果能发挥实际价值。本书第二篇重点介绍这些内容。

此外，为了确保一网统管项目更持久、在更大范围内发挥作用，也需要了解一网统管未来的发展方向，做好提前布局、统筹规划，确保当前的建设内容能助力未来数字政府的长远发展。本书第三篇重点探讨未来一网统管与一网通办融合的价值、路径和应用场景。

本书从多个城市的一网统管项目中提炼出一网统管的定位、目标、价值、战略意义和面临的挑战等共性问题，并结合作者在多个一网统管项目中的实践经历，总结其实现路径和运行方式，展望未来一网统管的发展方向，助力各地政府构建城市治理一网统管的新格局，加快推进国家治理体系和治理能力现代化。

第 一 篇

一网统管的理解认知

做一件事情之前首先要搞清楚它是什么，为什么要做这件事情，才能知道要把这件事情做成什么样，才能把这件事情做好，一网统管亦是如此。本书第 1 章给出了一网统管的定义，介绍了其定位、目标和支撑的业务范畴。第 2 章分析了一网统管的价值、战略意义和面临的挑战。

第1章

什么是一网统管

1.1　一网统管的定义

定义：一网统管是打通城市各治理系统的业务平台、管理全域的实体中心和整合治理力量的协同模式，通过技术创新、机制创新和组织创新，实现一张网络管全城、一个中心管全域、一支队伍管治理。

如图 1.1 所示，一网统管在利用数字底座打通城市各部门数据的基础上，进一步联通各部门的业务系统，将孤立的治理系统（如应急网、综治网和城管网）连接成一张网络，使得指令可以在不同部门之间流转，完成对事件的高效、协同处置。同时，设立市域治理指挥中心（或城市运行中心）⊖之类的实体机构，连接市、区 / 县、街道 / 乡

⊖　该机构名在各地有所不同，"城市运行中心"或"市域治理指挥中心"较为常见，在本书的描述中含义相同，不做区分，提及任何一个都是对该机构名的替代，无特指。

CHAPTER 1

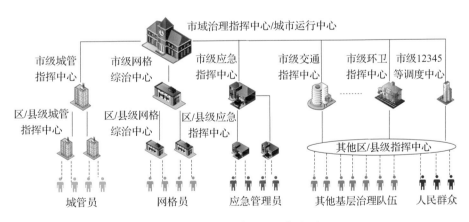

市域治理指挥中心/城市运行中心

市级城管
指挥中心

市级网格
综治中心

市级应急
指挥中心

市级交通
指挥中心

市级环卫
指挥中心

市级12345
等调度中心

区/县级城管
指挥中心

区/县级网格
综治中心

区/县级应急
指挥中心

其他区/县级指挥中心

城管员　　　　网格员　　　应急管理员　　　其他基层治理队伍　　人民群众

图 1.1　一网统管的业务架构图

镇不同层级的城管、综治、应急等不同种类的指挥中心，建立横向到边、纵向到底的统一指挥体系和管理机构网。最后，通过组织变革和创新，将城管、综合治理、12345等相关部门与市域治理指挥中心一体化运行，将分散的治理力量整合成一支高效协同的队伍来治理城市，并结合群众的力量来实现政府和居民对城市治理的共建、共治、共享。

1.2 一网统管的定位和目标

在上述定义中包含了一网统管的三个定位和三大目标，即通过数据指令、运行机制和组织管理来实现三个层面的连接定位，以及实现一张网络管全城、一个中心管全域、一支队伍管治理三大目标，定位和目标一一对应。

- 通过数据指令的连接，形成城市治理相关业务系统之间的一张网，构建信息技术的基础设施，实现一张网络管全城。

如图1.2a所示，这里的数据打通不仅仅只是数据的共享交换、查询调用，更是依托数字底座实现各部门数据的实时汇聚、应归尽归。在数据打通的基础之上，利用一网统管业务中台进一步联通各个业务系统（如城管、综治、环卫等），使得指令、工单可以在不同业务系统间流转，后者又超越了数据汇聚共享的层面。

例如，城管和综治部门的数据都汇聚到了数字底座，两个部门之间也可以调用彼此的数据来支撑自身业务，这里实现了数据打通；但在业务系统没有联通的前提下，这两个部门的工作流是不通的，城管部门并不能把业务指令发送给综治部门，要求其一起联合执法。只有同时把数据流和指令流打通，形成一张业务系统之间的信息技术网络，才能实现一网管全城的目标。

- 通过运行机制的连接，形成城市治理相关管理机构之间的一张网，构建统一调度的指挥体系，实现一个中心管全域。

如图 1.2b 所示，不同的业务部门早期可能已经建立了各自的指挥或运行中心，如数字城管中心、社会治理指挥中心等管理机构，这些指挥中心甚至会有区 / 县、街道级别的分中心。除了通过数据和指令将业务系统打通，还需要通过运行机制来连接不同管理机构的业务逻辑，建立横向到边、纵向到底、平战结合的市、区（县）、街道三级联动指挥体系，让事件能在不同层级和类别的中心分拨、流转，实现一个中心管全域，也使得不同的指挥中心能利用这个全域中心相互协作。

例如，社会治理指挥中心可将其收到的占道经营事件，通过市域治理指挥中心分拨给业务归口单位数字城管指挥中心处置。如图 1.2b 所示，更为高效的统一指挥体系是在区（县）和街道分别建立相应层级的城市综合治理指挥中心，各级指挥中心分别连接相应层级的管理机构并逐级向上连接到最上层的市域治理指挥中心。这样跨体系业务可以在共享的最低层级的城市治理指挥中心完成闭环，而无须都上报到市域治理指挥中心，提高了事件处置的效率。如同一个区内不同部门的事件可以在区一级治理指挥中心完成分拨处置。

- 通过组织管理的连接，形成城市治理相关工作人员之间的一张网，构建高效协同的治理队伍，实现一支队伍管治理。

如图 1.2c 所示，为了能确保市域治理指挥中心能发挥实质作用，通常会通过市机构编制委员会办公室（简称编办）设立一个实体机构，并将数字城管、网格综治、12345 等相关机构的职能与市域治理指挥中心整合,通过组织管理的连接来实现一支队伍管治理。

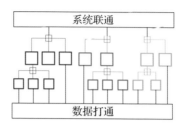

a)数据指令的连接:形成治理系统一
张网,构建信息技术的基础设施

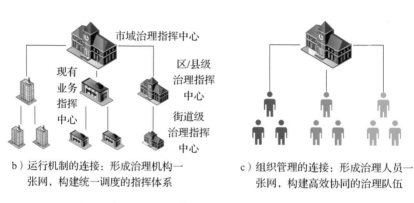

b)运行机制的连接:形成治理机构一
张网,构建统一调度的指挥体系

c)组织管理的连接:形成治理人员一
张网,构建高效协同的治理队伍

图 1.2 一网统管的三个定位和三大目标

1.3 一网统管支撑的业务范畴

图 1.3 展示了一网统管支撑的城市治理业务范畴全貌,进一步可以通过"涉及的政府管理部门"和"业务是否涉及政民互通"两个维度来将业务范畴划分成四个区间。只有先厘清一网统管的业务范畴,做到有的放矢,才能进一步分析其应具备的功能、发挥的作用和创造的价值。

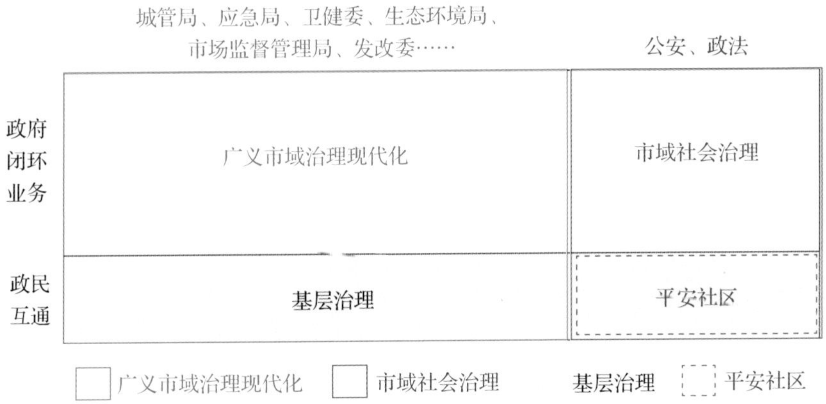

城管局、应急局、卫健委、生态环境局、
市场监督管理局、发改委……　　　　　　　　　公安、政法

政府 闭环 业务	广义市域治理现代化	市域社会治理
政民 互通	基层治理	平安社区

☐ 广义市域治理现代化　☐ 市域社会治理　　基层治理　☐ 平安社区

图 1.3　一网统管支撑的城市治理业务范畴

1. 第一个维度

根据涉及的政府管理部门，将业务范畴划分为纵向两列。

- 市域社会治理：一列是由政法委和公安局主导的市域社会治理现代化，通常涉及综合治理和网格化管理，如图 1.3 右列红色框覆盖内容所示。中央政法委先后批复了市域社会治理现代化两期试点，2020 ～ 2022 年为第一期、2023 ～ 2025 年为第二期，一百多座城市申报入围。

网格化管理依托统一的城市数字管理平台，将城市中的街道、社区等管理辖区按照一定的标准划分成为单元网格，通过让网格员等基层治理队伍对单元网格的部件和事件进行巡查，实现监督和处置分离、治理资源共享、市区上下级联动的行政管理改革，将过去传统、被动、定性和分散的管理，转变为今天现代、主动、定量和系统的管理。它使用数字化管理手段，实现管理对象、过程和评价的数字化，保证管理的敏捷、精确和高效；采用科学闭环的管理机制，将发现、立案、派遣、结案四个步骤形成闭环，从而提升管理的能力和水平。

- 广义市域治理现代化：另一列是包含城管局、应急局、卫健委、生态环境局、市场监督管理局和发改委等多个部门的广义市域治理现代化，如图 1.3 左列蓝色框覆盖内容所示。

  按照国家"五位一体"的总体布局，广义的市域治理应该涵盖经济、政治、文化、社会、生态文明五个方面的治理工作，需要利用数字化管理手段联动更多的政府部门，建立敏捷、高效的跨部门事件闭环处置机制，实现更大范围、更深层级的资源共享和力量协同的管理模式。

  广义的市域治理涉及的业务通常是跨多个部门的应用。例如，危化品的全流程管理涉及应急局、公安局、运输局、环保局等多个部门；城市经济高质量发展涉及发改委、财政局、经信局、税务局、商务局等多个部门，任何一个部门都无法单独描绘这个专题，更无法单独承担这个业务。

2. 第二个维度

根据业务是否涉及政府和居民的互通，将其划分成横向两行。

- 政府侧闭环综合管理业务：如图 1.3 上面一行区域所示，该类城市治理业务可通过政府部门之间的协作闭环完成，无须居民介入，更加偏重于政府侧对城市的综合管理。例如，城管发现占道经营现象可在该部门内部闭环处置，对于危化品车辆非法运输的处置可通过应急办、公安局和运输局联合执法来完成。此类事件都不需要市民参与。

- 基层治理：如图 1.3 下面一行浅绿色区域所示，此类应用涉及政府跟居民的互动，需要政民互通的信息通道来完成双向信息的传递，通常发生在街道、社区和乡镇等场景，被统称为基层治理。

例如，居民通过 12345 主动向政府反馈社区内存在共享单车乱放现象，在收到居民上报后，12345 中心将事件分拨至相关部门完成处置，之后居民可以查看事件处置的状态。此处，12345 就是一个居民上报信息和查看反馈的通道。

又如，在疫情防控时，基层工作人员需要收集社区居民核酸检测和疫苗接种的信息。此时，基层工作人员可以通过数字化工具设置需要居民填报的电子表单，并利用这个通道下发给居民；居民完成填报后，信息沉淀到数据平台，可供基层工作人员及其他部门多方调用。

通过上述两个事例，我们可以发现这个通道是政府和居民之间的双向信息通道，但并不是实时通信的通道。这是基于以下两个原因：第一，政府工作人员的数量远远小于居民，无法满足实时通信和即时消息回复的需求；第二，从信息安全的角度考虑，政府工作人员跟居民应该使用不同的应用终端和后台数字化系统。

基层治理是实现国家治理体系和治理能力现代化的基础工程，其中具有代表性的社区治理也被称为城市治理的最后一公里和毛细血管，呈现出主体多元化、治理协作化等特征。

社区治理的内容包括社区服务与社区照顾、社区安全与综合治理、社区公共卫生与疾病预防、社区环境及物业管理、社区文化和精神文明建设、社区社会保障与社区福利等。

社区治理虽以政府为主导、发挥决定性作用，但也有企业甚至个人等主体参与，通过与政府的协商、互动和共建，来共同治理社区的公共事务。最后，如图 1.3 紫色框所示，基层治理和市域社会治理的交集就是平安社区，重点关注社区安全与综合治理。

第 2 章

一网统管的价值和意义

2.1 一网统管在城市治理中的主要功能和价值

通过总结多个城市一网统管项目的实战经验和凝练探索成果，我们认为一网统管主要为城市治理提供五大功能和价值：分析研判、辅助决策；监测预警、防范风险；联动指挥、协同处置；行政问效、优化机制；基层治理、共建共享。

2.1.1 分析研判、辅助决策

1. 背景原因

近年来，国家大力倡导利用大数据辅助政府科学决策，以提高决策的针对性、科学性和前瞻性。很多地方政府都建立起市长仪表盘、指挥中心大屏等数据展示类工具，在很多政府决策流程和工作报告中也大量引用数据作为量化指标和支撑依据，显著提升了决策质量。

CHAPTER **2**

　　与此同时，政府的决策也需要各领域专家智库的专业知识、经验积累和建言献策。每一年，中央及各地方政府都会收到来自各类智库专家的分析报告、决策参考，提高了政府的决策水平。利于数据和专家的行业知识对于政府决策都很宝贵，两者相互支撑、相互补充。而且，行业专家在撰写分析报告时也需要利用数据表达观点、佐证结论。

　　因此，将大数据、专家的行业知识与政府的工作紧密结合，将极大提升政府宏观调控和处理复杂社会问题的能力，成为推动政府治理能力现代化的内在需要和必然选择。

　　然而，行业专家拥有丰富的从业经验和行业知识，但不一定具备处理数据和人工智能的能力，也不一定拥有想要的数据。此外，懂数据和人工智能的技术人才却很难兼备经济、社会、公共安全等领域的行业知识和业务经验。这给政府获取高质量的决策支撑、形成高水平的决策结果造成了障碍。

2. 功能形态

一网统管平台在利用数字底座打通政府各部门数据的基础上，打造分析研判功能模块。该模块为行业专家提供数据和分析数据的工具，让他们可以通过基于界面的简单交互操作，快速从数字底座里提取需要的数据、计算行业通用或者自己定义的指标、生成相应的展示图表，然后基于这些数据和图表，结合自己的行业知识，高效补充专家意见和建议，快速撰写分析研判报告。该报告内容涵盖被研判问题的现状量化、原因分析和策略建议三个部分。

为了进一步提高专家的工作效率，分析研判模块还可以提前储备常用问题的研判报告模板，除了包括报告的三部分内容结构，还可以预留相关的指标，并按照设定的周期自动计算相关结果，加速分析研判报告的生成。由不同专家定义的指标也会不断沉淀在平台上，让大家共享使用。

分析研判的结果既可以以纸质报告的形态通过政府公文系统呈报给政府管理者，也可以以电子报告的形态通过领导驾驶舱直接向政府管理者呈现，管理者也可以在领导驾驶舱里直接对这些电子报告做出批示，并下发、流转、执行。分析研判的核心数据和图表也可以通过指挥中心大屏展示，辅助工作人员的日常决策。

3. 价值意义

首先，分析研判模块非常简洁地将专家的行业知识跟大数据、智能分析结合，提高了报告的科学性和前瞻性，也降低了行业专家使用数据的门槛。

其次，分析研判模块帮助行业专家高效地获得目标城市的数据，让生成的研判报告更加有针对性。

此外，报告包括的现状量化、原因分析和策略建议三部分内容，有益于明确决策目标、完善决策信息、提升决策水平，让报告更加具有实用价值和可实施性。

通过这样一个分析研判平台，政府可以很容易地找到相关领域的专家，结合自身的数据和业务情况，快速获取高质量的分析研判结果，辅助决策。

2.1.2 监测预警、防范风险

1. 背景原因

城市的设置越来越复杂，运行速度越来越快，各种风险也随之而来，与日俱增。当前城市的监测预警能力可分为以下五个等级。

- 无监测、无预警、无处置：传统的城市管理往往在风险发生后才被动响应，给城市带来的风险高、损失大。

- 有监测、无预警、无处置：此类城市通过安装传感器和人工上报的方式，能实时监测城市当前的各种状态，但仍缺乏预判未来、提前发现风险的能力，更没有防患于未然的处置能力。

- 有监测、弱预警、无处置：此类城市对获取的数据做了一定的分析，但由于跨部门数据未能打通，只能基于本部门的数据做监测预警，预警分析算法也缺乏跟业务知识的深度结合，导致预警能力偏弱，有效性和覆盖度偏低，后续的风险处置能力也未能跟监测预警形成闭环。

- 有监测、强预警、无处置：此类城市打通了不同部门的数据，也较好地将数据和业务知识相结合，能对潜在的风险做出较为准确、全面的预警，但仍缺乏将监测预警与后续处置流程的连接，致使风险处置不够及时、效率较低。

- 有监测、强预警、快处置：此类城市解决了以上四个等级存在的问题，将城市治理从被动堵漏转变为主动探查风险，并实现对风险及时、高效的闭环处置。

2. 功能形态

监测预警模块基于一网统管平台，打通各部门数据和业务系统，将大数据、人工智能技术与行业知识相结合，构建预警模型，支持预警事件的精准发现和及时处置，帮助政府防范风险。

监测预警模块提供多种智能预警模型，可通过灵活配置的方式快速跟业务和数据结合，精准识别潜在风险；该模块可针对不同的预警事件设置不同的风险等级，并提供可配置的处置流程，对接相应的处置部门；所有的预警和处置流程都可通过可视化的方式展现出来，让关联的工作人员能够及时发现、及时处置、信息一致。

3. 价值意义

一网统管的监测预警模块可以让一个城市的风险防范能力直接进入第五等级，即有监测、强预警、快处置。通过利用多部门数据的联合分析，并将数据和业务知识结合，解决了大量城市存在的弱预警问题，不仅提高了预警的准确性，还能更早地发现风险，更能发现之前发现不了的风险。同时，该模块以极低的代价解决了预警与处置脱节的问题，更大限度地防范了风险的发生，大大提高了城市治理对于城市安全的防护作用。

2.1.3 联动指挥、协同处置

1. 背景原因

当前与城市治理相关的政府机构存在纵横交错、条块分割的问题。

- 横向部门：政府部门（如城管、环卫、综治、应急等）为了确保责任明确、运转高效，主要依据各自承担的城市治理业务职责来划分、设置。当发生跨部门职责的业务时，就需要多部门协作才能完成对事件的处置。如疫情防控需要卫健委、应急局、公安局和经信局等部门的协作才能有效应对。当前，在多部门协同时，仍缺乏协调统筹的机制和高效便捷的工具，更多还是依靠政府管理者的人力，一事一议的调度，成本高且时效性弱。

- 纵向分支：有些部门（如城管局）不仅在市级有管理机构，在区 / 县级甚至街道一级都设有纵向分支机构，存在自上而下的管理模式。一些部门也建立了专项业务的市级指挥中心（如数字城管指挥中心），但很多事情还是要依靠街道一级的部门来执行，通过纵向联动来完成处置。

- 地域层级：有些区级政府也建立了自己的区域综合治理中心，联通了区一级和区内街道的相关部门，实现了部分治理业务在区内的闭环，在一定程度上提升了城市治理的效率和能力。当遇到跨区域的事件时，如抗洪防汛、疫情防控、环境保护等，区一级指挥中心如何跟其他专项业务的市一级指挥中心联动，以及跟其他平行区的综合指挥中心合作仍然存在困难。

此外，对收到的上报事件采用何种恰当的处置方式也是一大难题。

- 多头上报：同一事件有时会被人民群众和不同的基层治理人员发现，从多个不同的渠道上报到不同的机构。如果不能有效识别，不仅大大地浪费资源，而且容易导致出现多头对接、流程混乱、处置不当的局面。

- 事件应对：对于一些未曾发生过的事情，特别是针对一些突发的紧急事件，如何快速设定有效的处置流程，建立机构在事件中的相互配合关系，也很有挑战。
- 处置跟踪：当一件事情进入了处置流程，如何实时了解其状态，准确找到事件处置的堵点，加速事件的处置进程，也都是城市治理过程中工作人员的迫切需求。在没有实现城市治理一网统管之前，这些问题大都还是依靠线下人工会商、现场开会调度、手动排查询问等手段来实现。

2. 功能形态

一网统管的联动指挥模块在一网统管平台打通数据、系统的基础之上，通过运行机制联通一座城市中跟城市治理相关的各级、各类指挥中心和管理机构，建立横向到边、纵向到底、市–区–街道三级联动的指挥体系，让不同部门可以联合处置各类城市治理问题，让事件可以在不同机构之间高效流转，让信息、资源和人员可以充分共享协同。

联动指挥模块利用人工智能技术，基于上报事件的时间、地点和包含的文字语义（甚至图片）相似度，自动识别疑似从多个源头重复上报的事件，向工作人员给出事件合并建议，待工作人员核实确认后便可归并重复事件，进入事件的分拨流转，有效避免多头处置。

联动指挥模块建立事件库、案例库和预案库，将接收到的事件与案例库中发生过的典型事件进行比对，根据事件关联的标签、部门和包含的关键词，找出相似度较高的过往事件，并将其对应的处置流程推荐给工作人员参考。

工作人员可以根据当前处置事件的实际情况，对建议流程做出相应修改，然后派发流转，缩短甚至避免了线下人工会商、现场开会调度的过程。对于处置得当的事件也可加入案例库供日后参考，一类事件的处置方式也可以从多个案例中不断积累凝练出标准方案放置于预案库，以备不时之需。

在事件的联合处置过程中，联动指挥模块会记录事件的流转过程，方便工作人员随时查看事件的状态，包括当前停留在哪个部门、处于哪个环节、具体的责任人、停留了多长时间、该环节预计何时完成等。

该模块在战时可发挥应急指挥的作用。此时，市级指挥中心不仅可以使用平时协调联动的逐级调度机制，在必要时，还能直接对每一位基层治理人员进行单兵指挥，增强决策和指挥的时效性，确保决策执行的精准性。

此外，这种对一线人员的直接指挥手段也减少了对中间层级管理机构的依赖，避免了局部管理机构因不可控因素（如地震、泥石流等）失效而导致整个指挥体系的瘫痪。

3. 价值意义

联动指挥模块建立了横向到边、纵向到底、市-区-街道三级联动的指挥体系，具有战时应急指挥、平时协调联动的重要价值。可实现城市治理力量的高效协同、统筹调度和资源共享，降低了治理成本，增强了城市处置复杂事件的能力和应对突发灾难的鲁棒性。该模块能追踪事件处置的流程，及时排查堵点，提升了事件处置的效率。联动指挥模块还能不断积累和提炼城市治理过程中事件处置的经验，确保一网统管能随着城市的发展不断演进、自我迭代。

2.1.4　行政问效、优化机制

1. 背景原因

在跨部门协作过程中，一件事情的处置会涉及多个部门之间的串并协作，只要其中某个部门未能及时完成任务，整件事情便不能高效流转。过往通常需要定期召开现场调度会，相关部门逐一汇报工作进展，经过分析后才能发现整件事情的堵点在哪个部门。由于召开现场调度涉及部门领导多、协调时间难度大、频次也不能太高，因此，对于跨部门协作事件的问效代价大、时效性不强。

此外，如何对一个部门长期以来的工作效率进行评判，缺少有效数据支撑的指标和自动监督体系。相对于税收、产值、GDP、社保缴纳人数、查处非法经营企业数量等结果型指标，工作效率更加偏向于过程性指标，不容易判定和监督，但也同样重要。

例如，在执行疫情防控的重点人员转运任务时，平均每项任务的处理时间关乎危险发生的概率，处置越慢，隐患越大，风险越高。对于非法倾倒渣土垃圾的渣土车的执法效率关乎城市环境的安危，查处效率越低，被倾倒的渣土垃圾可能越多，对城市环境和人们生活的危害越大。为企业提供服务的效率不一样，更是直接关乎城市的营商环境和企业的发展空间。

最后，过去制定的一些事件处置规则，随着信息化手段和各种智能工具的涌现，处置效率不断提升，规则本身可能存在优化空间。如果仍然沿用之前的规则，无形中降低了工作效率，未能发挥各种信息化建设带来的红利。但到底哪些规则可以被优化，优化到什么程度，在没有行政问效模块之前缺乏数据的支撑和自动判别的手段。

2. 功能形态

- 事件堵点问效：通过联动指挥模块派发的任务工单，可以查看每项任务在各个环节的责任部门、规定执行时间、交接产物和实际完成时间。因此，利用一网统管的系统，可以随时查看事件流转到哪个部门，其间各部门是否在规定时间内完成了相应的处置。

- 部门效率评估：利用联动指挥系统中沉淀的数据，行政问效模块通过对一个部门一段时间（如半年）内处理的多项事件数据的累计分析，可以自动计算出该部门的办结率、提前率、拖延率等关键性指标，为评估该部门的工作效率给出有实际数据支撑的评判标准。

- 长期机制优化：通过利用多个部门长时间对一类事件的办理数据的分析，行政问效模块可以发掘存在优化空间的事件类型，并计算出合理的事件处置期限。

  例如，之前某类事情的规定处理时限是 5 天，但根据过去一年的办事记录来看，所有部门都在 2 天内完成了对该类事件的处置，过去制定的 5 天期限已经不再符合当下政府的工作效率。此时，可以考虑把该事件规定的处置时间从 5 天优化为 3 天。之后可以再持续关注和优化迭代。

3. 价值意义

行政问效模块可以在单件跨部门合作事件上及时发掘堵点，找到责任部门，让事件得以高效流转、及时处置。行政问效模块可以为一个部门过往的工作自动生成有数据支撑的过程指标，自动、合理地评估部门的工作效率，更大程度地降低城市的安全隐患，提升城市的综合实力和扩大城市的发展空间。行政问效模块可以自动发掘存在优化空间的事件类型，并给出合理的优化建议，帮助政府用科学的方法不断改进工作机制，提升工作效率，最终提升整座城市的运行效率。

2.1.5 基层治理、共建共享

1. 背景原因

由于政府中需要管理和服务居民的部门众多，为了避免对居民多头管理、造成居民困扰，确保这些工作可以在基层收口，形成了"上面千条线、下面一根针"的管理格局，即身处最前沿的基层工作者这根"针"，对接上面不同的部门，通过穿针引线、承上启下，发挥落实方针政策、共谋百姓福祉的关键作用。

这种管理格局一方面提高了城市治理的效率，另一方面也给基层工作者提出了更高的工作要求，存在以下几方面的挑战。

- 向上资源调动：基层工作者如何更加高效地调动上级部门资源，解决居民在基层遇到的实际问题，实现"街道吹哨、部门报到"的目标，仍然存在一定的挑战。

- 基层队伍协同：一些部门也分别建立了各自的基层队伍，在参与城市治理的过程中，由于职责不同和人力部署差异，仍存在"看得见、管不着，管得着、看不见"的现象。例如，网格员看见非法占道经营的现象，但他们不具备管理执法权，而具备该职责的城管人员此时正好不在此处，看不见该现象。这些部门如何相互借力、高效协同、联合处置也是急需解决的问题。

- 居民主动参与：居民也是城市治理的有生力量，很多居民也有意愿上报自己发现的各种问题，从而缓解基层工作者人手不足的问题。但目前，居民上报信息或缺乏有效的通道，或有通道无反馈，居民并不知道自己上报的问题已经处理到哪个环节、何时能够完成，消减了居民参与城市治理的积极性。

- 基层信息采集：有时基层工作人员也需要收集居民的信息，从而完成城市治理工作如疫情防控期间。但目前的信息通道是居民向政府上报信息的单向通道，无法满足基层工作者主动采集居民信息的诉求。为了确保信息的有效性和及时性，基层工作者不得不采用上门排查、敲门入户的方式收集信息，效率低、任务重。

  如果建立起居民跟政府的实时、直连信息通道，也会存在安全性隐患。况且，基层工作者人数很少，无法实时答复大量居民提出的各类问题。如何解决好这个两难的问题，在基层治理中最具挑战性。

  再者，由于缺乏统一的基层基础数据库，存在不同部门在不同任务中反复收集居民信息、居民重复填报的现象，既浪费了宝贵的资源，也给居民的生活带来了困扰。

2. 功能形态

- 街道吹哨、部门报到：通过一网统管平台，基层工作人员可以将基层事件及时传递给上层相应的业务部门。如社区老人在办理社会保障卡时遇到困难，向网格员求助；此时，网格员可通过移动终端将该事件上传到网格管理业务系统，后者将事件上报到区（或市）一级指挥中心，指挥中心再转发到相应层级的人社局，由后者帮助解决相关事宜。

- 基层队伍、高效协同：一网统管平台通过连接不同的城市治理业务系统，让城管人员、网格员等不同基层队伍可以在一线高效协同。如网格员发现占道经营的违规现象，可利用自己的移动终端将发现的问题上报到网格管理业务系统，后者再通过一网统管平台上报到上级指挥中心；之后指挥中心通过一网统管平台，将事件分拨至城管的业务系统，后者进一步下派给该区域的城管人员来协同处置。城管人员通过自己的移动终端接收问题，并在完成事件处置后上报给城管业务系统，后者再上报给指挥中心完成结项。

- 双向通道、共建共享：利用一网统管平台，构建政府和居民的双向信息通道，实现群防群治、共建共享。一方面，居民可通过 12345 和"随手拍"等应用将自己发现的问题及时上报到各自的业务系统，由于这些业务系统都已经和一网统管平台相连，后者会将该问题分拨到相应的部门处置，并记录事件的处置状态供居民查询。

另一方面，基层治理模块构建政府和居民的双向、非实时、安全信息通道，帮助基层工作人员高效、准确地采集工作过程中需要的数据。基层工作人员可以利用该模块，通过灵活配置的方式快速创建需要收集的信息表单；一网统管平台会在数字底座创建相应的数据库，用于收集表单填报的数据，并生成表单对应的链接或二维码。

之后，基层工作人员利用短信或其他渠道将这些链接或二维码发送给居民填报；居民可以在其他的端（如居民侧小程序、一网通办 App 等）打开这个表单进行填报，填报的数据会写回数字底座的数据库中（而不是直接传给基层工作人员的端）供基层工作人员调取。

为了进一步提高数据收集的质量，针对某些有数据高可信要求的场景，基层治理模块会在居民提交数据时，通过人脸识别等方式完成对居民的身份确认。

最后，从不同任务中采集的数据，基层治理模块会不断提炼、融合共性数据，形成完备、新鲜的基层基础数据库。该基础数据可以被多个部门调用，避免了重复收集。同时，在居民填报信息时，基层治理模块也可自动补充之前已上报的信息，避免重复填报，提高填报效率。

3. 价值意义

基层治理模块帮助基层工作人员高效调动上级部门资源，解决居民在基层遇到的实际问题，实现"街道吹哨、部门报到"，为基层工作者赋能，让"上面千条线、下面一根针"的管理格局发挥出更大效能。基层治理模块让不同的基层治理队伍能够相互协同、资源共享，避免"看得见、管不着，管得着、看不见"的情形发生，提高了基层治理能力和效率。

此外，基层治理模块通过数字底座以数据的形式间接联通了政府和居民，建立了政民互通的信息通道，满足了数据采集的需求，但这个通道也不是实时的消息直连，避免了基层工作人员因人数受限而无法直接应对海量即时请求的境遇；而且，政府侧和居民侧使用不同的端来创建表单和填报数据，确保了政府的信息安全。

最后，基层治理模块构建的基础数据既可支持不同的基层治理乃至更高层级的城市治理工作，也能避免居民的多头填报，减少居民在填报过程中信息的重复录入，提高采集效率和用户体验。

2.2　一网统管的战略意义

城市治理是国家治理体系中承上启下的枢纽，关乎整个国家的发展效率和改革步伐。如图 2.1 所示，城市治理一网统管也是国家治理在市域范围的具体实施，是城市安全稳定的底线、城市综合实力的体现和城市运行效率的保障。这也是国家如此重视城市治理一网统管的更深层次的战略意义。

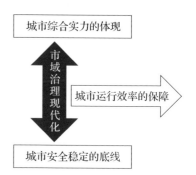

图 2.1　城市治理一网统管的战略意义

2.2.1　城市安全稳定的底线

安全稳定是城市发展的底线和基石，是市民日常生活、企业生产经营的基本保障和前提条件。城市人口不断聚集、城市设置越来越复杂，城市面临的隐患和潜在危险也与日俱增，加之各种突如其来的灾难（如疫情、爆炸、洪水、地震等），如果没有完善的城市治理能力和城市治理体系，整个城市可能在瞬间失去生命力，严重威胁国家和人民群众生命财产安全。

2015 年，某市因为危化品仓库发生火灾而引起的大爆炸，给整个城市带来了巨大的损失和危害。这次灾难虽然是由于企业的管理疏忽而造成的偶然事故，但也暴露出当时的城市治理能力和城市治理体系存在的不足。

如果当时就已经建立了一网统管的监测预警系统，这些隐患可以被及时发现甚至提前排除。利用分析研判模块，量化危化品管理问题的现状、洞察问题背后的原因并给出建议策略，及早改善对危化品的管理机制。

发生爆炸后可以利用联动指挥模块，实现市 - 区 - 街道 - 单兵的四级纵向战时指挥，横向打通应急、公安、消防、卫健等部门协同联动，快速处置灾难现场，应对各种复杂局面，将损失降到最低。

最后，还可以利用基层治理模块建立政府与居民的信息通道，快速收集居民伤亡情况、房屋受损信息和对物资的需求，支撑各项救援工作和决策，并协同各基层队伍共同救援，做好对居民生活的相关保障。

2.2.2 城市综合实力的体现

城市治理能力是城市综合实力和政府执政能力的体现，影响地方的生态、生活和营商环境，关乎城市的竞争力、吸引力以及经济的高质量、可持续发展的动能，将最终决定城市的发展上限。虽然，这些软实力并不会涉及城市的安全稳定，也不直接产生税收、产值等经济贡献，但会影响人才和企业入驻一个城市的意愿度，以及留下来之后的发展空间和发展环境。

同时，由于城市治理和城市服务是相互交织、关联的，一个城市的治理水平也决定了其服务能力。城市只有具备优质的生态环境、完善的服务体系才能吸引优秀的人才和企业入驻，并承载好他们的发展需求，这些都需要城市治理的支撑。

例如，社区设施陈旧、环境脏乱、人员混杂，街道治理无方、管理无序、办事不力，虽不至于影响居民的生活安危，但会极大地降低居民的生活品质和居住意愿度，最终导致人才外流。

企业和居民如果投诉无门、求助无道、保障无望，不仅降低了城市对于企业的吸引力，也浪费了企业的精力，极大地消耗了城市发展的动能，最后导致经济损失。

如果环境缺乏保护、资源过度消耗，将挤压城市的可持续发展空间，让本该得到扶持的产业得不到资源，甚至让城市陷入环境破坏、人员流失、经济衰败的恶性循环。

反观优秀的城市不仅经济发达，其城市治理水平也往往很高，两者相互促进、相互支撑。

2.2.3 城市运行效率的保障

城市发展持续加速，城市运行效率越来越高，城市更新迭代的速度也越来越快，这些都倒逼城市管理效率和管理能力必须要提升，否则城市前进的步伐将混乱、失速，或受阻、放慢。此时，城市治理一网统管需要为城市的高速发展、运行和更新迭代保驾护航。

物流快递、共享出行、外卖配送、燃气入户这些新兴业务的出现都大大加速了城市运行的效率，但同时也带来诸多挑战。例如，物流快递加快了人们获取物资的速度，让经济更加高效地运行，但更多的物流快递车辆在城市穿梭，进入小区和千家万户，各种交通事故和社区纠纷也会日益加剧。如果治理能力和体系跟不上，此时只会有三种结果。

- 无力治理、保持效率、城市失速、影响安稳。由于缺乏治理能力又希望保持效率，将出现管不过来、无能为力、任其发展的现状，导致问题越来越多，社区争端、纠纷不断增加，让社区管理陷入混乱、民怨沸腾、矛盾激化，甚至影响到整个城市的稳定。

- 无力治理、业务降速、城市安全、损失效率。这个选择以遏制这些业务的运行速度为代价，让整个城市回到缓慢的发展节奏上来，以确保城市安全。例如，取缔一部分物流送货车、不让其上路，不让物流送货车进入社区，或者干脆就不让快递员进

入社区。这样做是避免了交通事故、剐蹭等纠纷，但由于失去了这些配送队伍和手段，物流的配送效率大大降低，居民失去了送货到家的良好体验，拿到快递变得不及时，且还需要自己去小区外取快递，损失了城市的运行效率。

- 有管理、不科学、效率受损。即便政府可以投入大量的工作人员去管理相关的业务，但由于缺乏科学的管理机制和智能的管理工具，处置速度烦琐、冗长，被管理的业务的运行效率也会受到影响。

假设城管部门可以招募大量协管人员去管理快递车辆，但在遇到纠纷时只能做简单的处罚，且解除纠纷的时间很长，其间快递车辆无法继续使用，快递小哥也无法继续自己的业务。这样的管理仍然损害了整个城市的运行效率，其实也是一种变相的降速。

当具备了相匹配的治理能力，正确的做法应该是通过分析研判模块，分析快递车辆在社区内的运行轨迹、停放和卸货地点以及事故发生地点，量化快递车辆管理的现状，洞察事故背后的原因，并给出相应的解决策略。

例如，可以在社区内指定集中的快递车辆停放点，规定快递车辆在社区内的活动线路，设置相应的配送时段让快递员入户配送等措施。利用监测预警模块，根据摄像头、车辆轨迹等数据，及时甚至提前发现快递车辆占道经营的现象，并通过联动指挥模块联系周边的城管人员及时排查处置，避免事态扩大后引起纠纷。

利用基层治理模块，网格员和居民也可以主动上报各种违规经营的现象，并协同城管人员和物业管理人员一起处置，提升事情的办理效率。

如果处理得当，快递员也能帮助基层工作人员发现很多社区里的问题，通过基层治理模块主动反映情况，防范安全风险。这种科学的治理能力和治理体系，既确保了城市的安全有序，又保障了城市的运行效率，让城市高速发展。

2.3　一网统管面临的挑战

在建设城市治理一网统管的过程中，也必然会遇到很多挑战，根据这些挑战背后的根因，可以归结为以下三个方面。

- 数据和系统的打通：城市各部门的数据存在孤岛现象，或者仅仅只完成了部门间的共享交换，而未能做到数据的实时汇聚、全量归集。各个业务系统之间更是相互独立，指令不能在其间流转，业务无法协同。打通数据和系统是项目开展的前提、系统运行的根基和创造价值的必要条件，也是整个项目投入人力物力最大、耗费时间精力最多的地方。要实现这个目标，既需要技术突破和工程创新，更要靠行政手段和机制保障。

- 业务和技术的融合：要真正做好一网统管，需要政府侧业务知识、相关行业知识和技术知识三方面知识的融合。政府侧业务知识包括国家战略、方针政策、体制机制、机构职责、业务流程等。相关行业知识包括零售、物流、制造、医药等行业的市场格局、发展规律、底层逻辑、关键要素和商业模式等。技术知识包括物联网、云计算、大数据、人工智能和数字孪生等。

　　但在实际情况中，很少有人能同时兼具这三方面的知识。科技公司和技术专家拥有强大技术实力，但对政府业务和行业

却了解甚少。政府工作人员精通自身业务，但对技术并不一定有深入了解，也需要补充和学习所关联行业的知识。行业专家懂产业，但对技术和政府业务不一定精通。这些都会降低一网统管的实际效能。

- 机构和机制的改革：政府横向部门众多，边界很难完全划分清晰，某些新生事件该由谁来处置很难有明确规定；即便组建了专班，在多部门协作时，相互配合仍不够流畅、高效；上下层级纵深，容易出现联动迟缓的现象；部门贡献数据意愿度弱，数据质量不高；群众上报问题处理不够及时、缺乏反馈等。这些问题都体现了现有机制，包括考核问效机制、部门协作机制、事件处置机制、决策机制等，有待进一步优化、改良，甚至创新。

随着时间推移和城市治理业务的演进，原有的一些组织形式也不能完全满足当前的需求，急需进行机构改革。例如，传统城市通常都有城管、网格、环卫、12345 等垂直独立部门，职能分散、业务相互牵连，即便有机制创新，对于人员的管理仍然存在挑战。

第 二 篇

一网统管的实现路径

在了解了一网统管的定位、目标、业务范畴、功能价值、战略意义和挑战之后，本篇开始介绍一网统管的实现路径，包括确定建设模式、运用关键技术、搭建核心系统、设计创新应用。

下图给出了一网统管的实现路径。其中，建设模式需要明确总体规划、机制创新、技术系统和商务模式这四条线路的推进思路（详见第 3 章）。

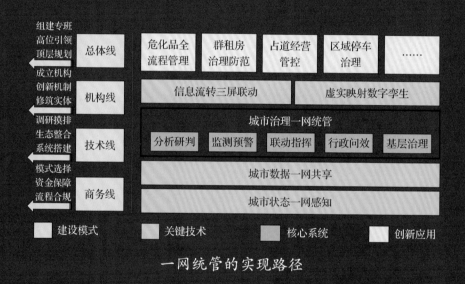

一网统管的实现路径

关键技术包括城市状态一网感知、城市数据一网共享、信息流转三屏联动、虚实映射数字孪生（详见第 4 章）。

核心系统包含分析研判、监测预警、联动指挥、行政问效和基层治理五大模块（详见 2.1 节）。创新应用结合每个城市的情况各不相同，一般针对跨部门业务，例如危化品全流程管理、群租房治理防范、占道经营管控、区域停车治理等（详见第 5 章）。

第3章

一网统管的建设模式

要建成城市治理一网统管，需要总体规划、机构和机制创新、系统搭建、商务配套，可按照总体线、机构线、技术线、商务线同步推进。

- 总体线：按照"组建专班、高位引领、顶层规划"的路线推进。
- 机构线：按照"成立机构、创新机制、修筑实体"的路线推进。
- 技术线：按照"调研摸排、生态整合、系统搭建"的路线推进。
- 商务线：按照"模式选择、资金保障、流程合规"的路线推进。

CHAPTER 3

3.1 总体线

城市治理一网统管的成功首先依赖于总体推进思路的设定，这里有三个要点，分别是组建专班、高位引领和顶层规划。

1. 组建专班

在项目之初，由于一网统管涉及业务板块众多，大部分城市都很难找到一家机构来全权负责一网统管这件事情。在机构和机制创新尚未完成之前，一个有效的专班就变得至关重要，它是推动整个项目前进、落地的工作组，也是项目成功的保障组。专班成员既要以政府侧为主导、涵盖政府侧关键人员，也需要加入建设方的核心成员。

- 政府侧：专班通常（但不限于）由城市最高管理者、常务副市长、市政府（副）秘书长，大数据局及相关委办局负责人组成。一种常见的合作模式为：城市最高管理者挂帅，常务副市长牵头推进，市政府（副）秘书长落地执行，大数据局局长携有关委办局（如城管、综治、应急、环卫、发改、经信等）负责人共同完成。

- 建设方：由项目的总牵头实施方及相关生态合作伙伴的负责人共同组成。由于一网统管项目庞大，涉及领域众多，很难由一家企业独立完成建设和运营任务，因此，需要选择一家实力强劲的企业牵头，再挑选一些细分领域的优秀合作伙伴来共同完成。为了保证系统的整体性和建设效率，并促进业务和技术的融合，这个专班应尽早把相关人员纳入。

在专班里，政府侧工作人员与建设方并不是简单的甲乙方或上下级关系，也不是单纯的客户和供应商关系，双方应该目标一致、任务共担、信息同频、进度同步、能力互补、协同推进。例如，在打通数据或者调研阶段，如果没有政府关键人员利用政府渠道的衔接，建设方将无法对接各部门数据和系统，甚至无法跟相关部门负责人会面。

2. 高位引领

一网统管项目的覆盖面广，涉及整个城市的方方面面，这决定了它需要用全域的视野和更高的格局来看问题，做规划；一网统管项目的复杂度高，涉及很多机构、群体和机制，这决定了它需要强大的协调和推动能力来穿针引线、突破阻碍；一网统管项目的投入大，这决定了它需要强大的资源调动能力和运行保障能力来持续建设、达成目标；一网统管项目的周期长、未知点多，这决定了它需要果敢的决策能力和决策效率来加快流程、显现价值。

基于以上原因，城市治理一网统管通常需要各个城市的最高管理者亲自主抓、高位引领才能完成。这些原因也说明了最高管理者在总体线中应发挥的作用，从某种意义上说，按照信息技术的专业术语类比，他既是提出需求的客户，也是规划系统功能的产品经理以及项目实施的总负责人。

建设方也同样需要一位资源调动能力强、专业度高的管理者，跟政府侧最高管理者对接，领会城市发展战略、执政方针和业务需求，形成建设目标和路径的共识，并转化为建设团队的技术语言和实施计划，然后跟常务副市长一起带领专班成员完成建设任务。

3. 顶层规划

一个成功的一网统管项目需要一个定位准确、落地性强、扩展性好、节奏清晰的顶层规划。

这个规划既需要承接国家治理的战略，也需要结合一个城市的特点、定位和发展重心。

这个规划既要考虑城市的现有基础，做到利旧、兼容，也要预判城市的未来发展，做到有弹性、可扩展。

这个规划既要有短期的紧锣密鼓和初见成效，也要有中期的日新月异和立竿见影，还要有长期的质变飞跃和持久效应。

3.2 机构线

在确定了总体线之后，机构和机制的改革要先行，可按照以下三点展开：成立机构、创新机制和修筑实体。

1. 成立机构

为了能整合零散力量，实现一个中心管全域、一支队伍管治理，一网统管项目一般需要通过省级编办在市一级设立"市域治理指挥中心"或者"城市运行中心"之类的实体机构，在地级市通常设为正处级编制。如图 3.1 所示，该机构整合网格、城管、环卫、12345 等与城市治理高度相关部门的职能，实现一体化运作。

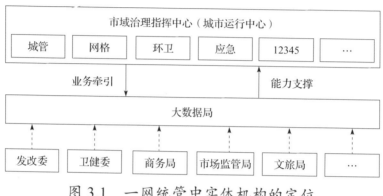

图 3.1 一网统管中实体机构的定位

同时，该机构作为业务单位与大数据局（或者经信局）形成上下配合关系，以城市治理为业务抓手牵引大数据局归集分散数据；大数据局做好底层数据能力的支撑，确保上层城市治理业务能顺利开展。有些城市为了形成更强有力的配合、支撑关系，甚至把大数据局也纳入市域治理指挥中心，与其一体化运作。

在人事任命上，通常会让一位市政府（或市委）副秘书长来兼任市域治理指挥中心的一把手书记，大数据局局长兼任主任；有的城市也直接提拔大数据局局长作为市域治理指挥中心的负责人，其目的都是强化协调能力、提高管理效率。

在没有该机构之前，虽然很多城市都成立了大数据局，政府管理者也都高度重视大数据的汇聚，但由于缺乏业务作为抓手，大数据局在收集其他部门数据时，经常会遇到来自各部门像"收集这些数干什么?"之类的问题。在没有城市治理一网统管这个大战略之前,大数据局确实很难回答清楚这类问题;又因为成立时间短,大数据局相对于其他部门处于弱势地位。这也在一定程度上延缓了数据发挥生产要素价值的进程。

因此,"市域治理指挥中心"或者"城市运行中心"之类实体机构的成立,不仅能实现城市治理一网统管,还能有效带动城市数据的归集和不断更新,为数据生产要素产生更大价值打好基础,从而加速数字产业化的进程,推动数字经济的发展。

2. 创新机制

新成立的实体机构需要创新机制来统筹内部被纳入部门间的工作,协调与外部其他机构之间的联动,确保数据的高质量归集。

- 内部统筹:被纳入部门的原实体机构或中心如何跟新的市域治理指挥中心一起发挥更大作用,仍然需要机制来保障。例如,原来的市一级数字城管中心、网格中心以及下属的分中心如何跟新成立的市域治理指挥中心对接,事件如何上报,业务如何分拨,指令如何流转,执行如何追溯,结果如何问效等,都需要有明确的规章制度和流程规范。

- 外部联动:即便成立了实体机构,还是存在很多需要协同联动的外部部门和中心,如文旅局、卫健委等部门以及可能在区一级已经成立的综合指挥中心等管理机构。这些部门先前可能没有跟相关的城市治理系统打通,数据也没有共享。这里需要为这些部门提供简洁的事件接口工作台,使其能对接到一网统管中台,让相关事件可以流转到这些部门。

同时要利用数字底座将这些部门的数据打通,确保信息通畅、同步。让相关部门设立对接管理员，利用接口工作台及时接收市域治理指挥中心下发的业务，并利用这些部门原有的业务系统找到相应人员进行处置，处置完成后管理员再通过接口工作台将结果上报到市域治理指挥中心，完成业务闭环。

- 数据归集：数据归集和实时汇聚是实现城市治理一网统管的前提，也一直是各地政府面临的难题。一方面以一网统管业务为抓手，为各个部门解决实际难题和业务痛点，让它们真真切切感受到贡献数据后带来的价值，提升其主观能动性。

  另一方面，还需要设立相应的考核监督机制，以保证数据归集的效率和质量。在一些城市里，通过制作数据资产大屏，实时通告各个部门贡献数据的总量、字段完整度、更新频率等指标，并对各个部门进行排名，每个季度在市委常委会或市长办公会公示该排名，并把这些指标纳入各个部门的年度考核中。这些举措都极大地促进了各个部门贡献数据的积极性。

- 考核问效：除了各种配合、联动和数据归集机制，还需要对治理结果做进一步考核问效，实现"单次问事件堵点责任，多次问部门工作效率，长期问流程优化空间"。

  即，在一次事件处置过程中能及时发现堵点，追查到责任部门和责任人，快速解决问题；通过分析一个部门多次事件处置的结果，可以评定该部门的办结率、拖延率、提前率等指标，从而衡量一个部门的工作效率；通过持续积累多个部门办理一类事件的数据，可以发现流程优化的空间，进而不断提升工作效率。

  例如，以前流程规定处理 A 类事件需要五天时间，但当前有了强有力的信息化工具，很多机制也更加健全，使得所有部门只需要两天时间就可以办结 A 类事件。因此，可以考虑将过去流程中设定的处理 A 类事件的五天时间适当缩短为三天。

3. 修筑实体

设立的市域治理指挥中心之类的机构需要一个建筑实体作为其工作运行的载体。这个建筑实体需要包含指挥大厅、一些小型作战室和若干会议室等主要场所。

- 指挥大厅：内设展示大屏、指挥中控台、服务座席、观摩座席等，平时作为监测全城态势、展现宏观数据、处置分拨各类日常事件的场所，战时作为重大事件处置和应急响应的指挥部。

  服务座席分为两类，每个服务座席都设有各自的工作台。一类是综合处置座席，各类需要指挥中心来协调的事件都先传递到这些座席来处置，综合处置专员根据事件的性质将其分门别类地流转到相应的机构和部门。另一类服务座席提供给城市治理相关部门的专员，如城管、综合治理、12345、环卫、应急等。该座席的工作台一端连接一网统管中台，获取指挥中心派发的、需要自己部门处置的事件；另一端连接各自的垂直业务系统（如城管系统、网格系统等），在核实了事件的性质后，通过垂直业务系统下发给自己的部门处置。当事件处置完毕后，这些垂直部门的专员上报给指挥中心综合处置专员结案。

  如果一个垂直部门已经设立了自己独立的指挥管理体系，如某些城市的网格综治系统已经形成了三级联动体系，且有自己市一级的网格指挥中心，这些中心已经有了专员座席，则这个垂直部门将不再需要在市域治理指挥中心设立专员座席，将垂直部门指挥中心直接跟一网统管中台连接即可。

- 小型作战室：针对单个项目或细分事件展开监测、研判、处置的分指挥部，里面配置中小型屏幕和少量工作台，房间可容纳20人左右。小型作战室也连接到一网统管中台，可以灵活调取各种数据，还可以联动各级工作人员。

指挥大厅监测整个城市的核心状态，处置各种日常事件。如果出现一些局部问题，例如某个火车站出现旅客滞留现象，需要进行有针对性的指挥调度，但这个问题还不至于影响全局，也不需要占用整个指挥大厅的资源，这时可以启用小型作战室来专项处置这个问题，如全面、深度展示跟该火车站相关的车辆和人流信息，处置车站周边的交通事件，联动车站及周边的工作人员等，让局部问题得到充分重视，可被高效、并行解决，也避免占用指挥大厅的资源。

另一种情况，针对某类牵涉若干子问题的重大事件，也可以利用小型作战室来处置其中的子问题。例如，当城市遭遇重大爆炸时，会涉及消防、救援、治疗等子问题，此时可利用指挥大厅作为总指挥部，启用三个小型作战室分别专项处置消防、救援和治疗子问题，作为分中心跟总指挥部联动。

- 会议室：作为相关部门会商棘手事件、研讨应对策略的场所，关键时期也可以作为联合攻坚、技术突击的研发工作室。

3.3 技术线

有了总体规划、机构和机制创新的保证，一网统管建设的技术路线可按照以下三点展开：调研摸排、生态整合、系统搭建。

1. 调研摸排

在开始一网统管项目的技术建设之前，需要开展内部、外部两项调研。

- 内部调研：首先，内部调研需要分析城市的定位、特色和基本情况（如 GDP、人口和支柱产业等），根据其体量、功能和定位不同，设计不同的技术方案，做到有的放矢。

  例如，一个 GDP 过万亿、人口近千万的城市的体量与一个四线城市有较大差距，因此，其一网统管项目的需求会有所不同，如对联动指挥的层级、对群租房等社会问题、对交通枢纽的人流疏解问题的关注程度等都不尽相同。

  国家级经开区或自贸区因与一个地级市的定位不同，其一网统管项目也会有不同需求，前者更加希望一网统管项目能为产业和贸易的发展提供安全保障，为吸引人才加入和企业入驻提供优质的生活、工作环境。有的城市是工业城市，某些行业（如危化品）比重很大，因此会特别关注该行业的安全问题。

  直辖市的一个区与同人口体量的地级市虽然行政级别一样，但因为有不同的功能，其一网统管项目的需求也不相同。直辖市一般在市一级制定统一的标准和规范，各区按照市级标准建设一网统管项目和实体机构，大部分问题在区一级解决，但仍要接受市级指挥中心的管理和协调。直辖市区一级的一网统管一般不会超过两级联动指挥体系，即区、街道。一般地级市可能会出现三级联动指挥体系（市 – 区 – 街道），工作重心在市一级指挥中心，且市级指挥中心跟省级相关部门联动较弱，大部分省也没有类似的机构。

其次，内部调研要征询最高管理者的需求，结合主要部门的业务痛点，特别关注跨部门协作的需求和关系到全城范围的业务。

由于一网统管项目更多强调全域管理、全城治理、上下贯通、横向联动，需要有全局视野，因此，最高管理者的需求要优先、重点考虑，避免把一网统管项目当成某个部门的信息化业务系统来建设。这里既要有与城市最高管理者进行单独或小范围的详细研讨，也需要有针对性地进行部门调研沟通，还需要有最后全体相关部门负责人一起参与的共识达成会，明确一网统管的建设目标。

再者，内部调研还要摸排城市已有信息化基础，做到充分利旧、落地可行。同时，让新建的一网统管平台与原有系统之间能够兼容、对接。

例如，调研大数据平台建设情况、各部门数据汇聚情况、数字城管或网格综治中心建设情况、网格员手持设备和业务系统拥有情况、雪亮工程建设情况、各类摄像头数量和连接情况、传感器布局和接入情况等。

调研的时候要带着高层需求、顶层设计和具体问题，不可做开放式的调研和询问，如"你们部门需要什么？""你们有什么？"，此类问题会大大降低调研的效率，并有可能会激发被调研部门的反感，让一网统管项目的推进受阻。

- 外部调研：外部调研要横向考察同类城市或区域的一网统管项目，找到行业发展的共性趋势，确保要建设的项目符合发展大势，如设立实体机构、建设城市运行中心、搭建一网统管中台、形成多级联动指挥体系等。同时，也在外部调研中发掘和学习各地的特色亮点，吸取借鉴优势经验。例如，南通的危化品全流程监管非常有特色。

外部调研也要纵向考虑项目所在地在上级部门规划中的定位，以及与周边区域的紧密联系。例如，青岛自贸区在做一网统管项目设计时，既要考虑山东省对其赋予的"东北亚国际航运枢纽、海洋经济发展示范区"定位，也要考虑自贸区与青岛本地的交通、运输、管网、信息的连接，还要考虑自贸区跟日本、韩国等国家的国际贸易往来。

2. 生态整合

由于一网统管的建设涉及方方面面，应用五花八门，因此很难由一家公司来独立完成，需要一些细分行业的生态合作伙伴加入，以某家实力强大的企业作为牵头单位，组建联合团队来共建一网统管项目。

这个团队通常包括传感器等硬件设备提供商、云服务提供商、底层的数据治理合作伙伴和上层细分场景应用合作伙伴。

这个团队在顶层设计思路确定后就要开始组建，按照总体设计统筹参与调研、方案细化、分工实施。在整个项目建设过程中，团队中各企业的核心人员要组建联合项目组，一起现场办公，进行一体化管理。

这个团队需要基于统一的数字底座和开发平台来建设上层应用系统，形成统一数据源，统一使用一网统管业务中台，统一展示出口，避免形成信息孤岛或者割裂的用户体验。

根据过往经验，以数字底座和业务中台提供方作为牵头单位，其他生态合作伙伴配合为宜，避免以小牵大，也要避免让缺乏核心产品的纯系统集成商作为牵头单位。

3. 系统搭建

一网统管的系统搭建可按照"统筹感知资源、建设数字底座、打造业务中台、设计创新应用"四步来开展。

- 统筹感知资源：针对城市里六类感知内容，利用四种感知模式和三种数据采集方式，做到全域感知、精准掌控、合理布局，实现城市状态一网感知。城市里的六类感知内容包括人流量、交通流量、环境、能耗、经济和公共安全。四种感知模式包括以传感器为中心的感知和以人为中心的感知两大类，其中以传感器为中心的感知可进一步细分为固定感知和移动感知，以人为中心的感知可进一步细分为主动群体感知和被动群体感知（详见 4.1 节）。

- 建设数字底座：数字底座是智能城市的数字基石和创新应用的数智底座。针对城市三类数据，实现数据实时汇聚、高效管理、深度融合、智能分析、跨域学习。城市三类数据包括以政务数据为代表的结构化数据，以视频、语音和文本数据为代表的非结构化数据，以及以物联网数据为代表的时空数据（详见4.2 节）。

- 打造业务中台：一网统管的业务中台搭建在数字底座之上，向下连接各垂直业务系统，使得指令能在不同的业务系统之间流转；向上支撑不同的创新应用，提供分析研判、监测预警、联动指挥、行政问效、基层治理等核心功能模块（详见2.1 节）。

- 设计创新应用：基于以上三层构建的智慧基础设施，设计上层的创新应用。创新应用的选题应满足地方特色（基于地方基础、符合地方定位）、范围普适（面向全市范围、全体市民和企业）、横跨部门（而非单一部门的业务）、数据智能（而非简单信息化集成）和成效可见（而非中间过程优化）五个标准。创新应用的建设应满足应用闭环、实战实用、兼容利旧和长短结合的原则（详见第 5 章）。

3.4 商务线

在大部分城市，本地政府下属的城投、产发类公司，因其平台公司的定位，并不一定具备独立建设一网统管项目的能力。因此，要实现一网统管通常需要引入外部企业来完成建设。此时，合理合规、高效互惠的商务流程就变得必不可少。由于项目金额较大、可选择路径较多、决策链条较长，如果没有清晰的商务线，会严重影响一网统管项目的推进效率和成果质量。这条商务线可按照模式选择、资金保障和流程合规三方面来推进。

1. 模式选择

如图 3.2 所示，政府与企业合作的商务模式首先可以分为两大类：政府直接跟企业发生商务关系以及政府通过平台公司间接跟企业发生商务关系。第一类商务模式中存在 6 条可选商务路径，第二类商务模式中存在 36 条可选商务路径。

在这些商务路径中，越靠上方的路径，政府侧的合规性越高、风险越低，但其复杂度也越高、效率越低，企业的积极性也越低。因此，要根据实际情况酌情选择合理路径，既不是效率越高越好，也不是越安全越好。

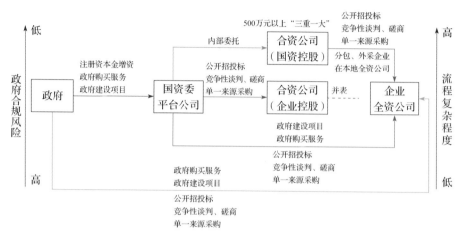

图 3.2　政府跟企业合作的商务模式选择

在第一类商务模式中，政府与企业之间存在两种付费形式和三种招采方式，两者组合构成了 6 条商务路径。此处没有进一步区分竞争性谈判和磋商，虽然两者还存在一定的差异，否则将存在 8 种路径。如图 3.2 中绿色线条所示。

- 付费形式包括：政府以项目建设形式立项和购买服务。
- 三种招采方式包括：公开招投标、竞争性谈判或磋商（也称为邀标，谈判和磋商略有不同）以及单一来源采购。

在第二类商务模式中，政府与平台公司之间有三种联通路径；平台公司与企业之间有三种合作方式，这些合作方式又分别有 6 条、3 条、3 条共 12 条路径；两者组合构成了 36 条商务路径。

如图 3.2 中红色线条所示，政府与平台公司之间有三种联通路径。

- 政府通过对平台公司增资的方式投入：即将一网统管项目建设所需经费作为注册资本金注入平台公司，之后平台公司自行规划经费的使用，开展后续项目建设，建设成果转变为国有资产，平台公司需要考虑后续项目资产的折旧和公司层面的损益审计。

- 政府通过向平台公司购买服务的方式：该模式可以缓解当下政府经费不足的问题，让平台公司先垫资建设，之后政府通过连续多年购买服务的方式，分期将经费支付给平台公司，并保证平台公司有少量盈余。

- 政府通过立项委托平台公司建设：政府采用项目建设的方式由政府财政筹措经费，但委托平台公司来完成招投标和后续的建设工作。

如图 3.2 中蓝色线条所示，政府的平台公司与企业之间有三种合作方式。

- 平台公司直接与企业发生商务关系：这条路径跟政府直接与企业合作一样，参看第一类商务模式。

- 双方成立企业控股的合资公司：成立合资公司是最近十几年来政府喜欢采用的一种政企共建方式。为了采用更加灵活的市场化机制，增强企业投入的积极性，不少地方政府鼓励企业控股合资公司，这种做法的好处有两方面。

  首先，机制灵活，决策高效，有利于引入高级人才和团队，实现企业的快速发展。

  其次，合资公司可以与其母公司实现合并经营报表，企业更加有动力加强对合资公司的资源投入和经营管理，把合资公司做大做强，更好地带动本地经济的发展，为当地创造更多的就业机会。

但此时，也需要在公司章程中明确合资公司各方的权责利，规定数据等核心资产的所有权归属于政府，合资公司只有代运营权，避免国有资产的流失。从平台公司到企业控股的合资公司也存在三种招采方式。

由于要成立合资公司，政府侧和企业都需要有严格的测算和经营计划，决策流程较长，有较大可能会延缓项目的推进速度。

- 双方成立平台公司控股的合资公司：与第二种方式略有不同，政府控股合资公司虽然简化了从平台公司到合资公司的流程，但因为合资公司成立初期，人员不足，力量匮乏，且合资公司无法跟参股企业并表，合资公司的一些建设内容还需要通过分包和外采的形式交给投资入股企业（或其他企业）来完成。

由于大部分地方政府还是希望税收和产值留存在本地，因此也要求参与一网统管建设的企业在本地再设立全资子公司。从合资公司到企业全资子公司的路径与政府到企业的路径一致。

另外，由于合资公司是平台公司控股，需要按照国有企业的规章制度来运作，包括人事任命和财务制度。对于超过一定金额的项目，需要上报党委按照"三重一大"的制度来决策，如果合资公司本身没有党委，要上报到控股母公司的党委会决策。这些流程机制也都是政府管理者在选择路径时需要提前考虑到的因素。

2. 资金保障

政府在建设一网统管项目时，如何有效筹措建设资金以及考虑后续的运营费用，也是一个非常关键的问题。一网统管项目金额较大，且建设周期较长。根据过往经验，GDP 过万亿城市的一网统管项目通常需要 3 年以上的时间（分两期）才能做到完善，累计投入数亿元，建成后还需要考虑持续运营所需的费用。但政府的预算有限，也需要考虑让钱花费得更加合理，以及减少后续财政负担。

当前，政府筹措资金主要有以下三大类方法。

- 财政预算、分期建设：这种方式很常见，依靠政府财政预算，采用分期建设的方式完成经费投入。每一期建设都需要走立项、财评、招采、验收等流程。为了保障一网统管的费用，政府也会收紧各委办局信息化建设的经费，统筹使用。项目经费中也会预留一部分运维的预算（一般周期为三年），以保证后期一网统管系统可持续运营。

- 平台垫资、购买服务：有时地方财政紧张，但建设一网统管项目的需求迫切，刻不容缓，政府可以让其国资委下属的平台公司先垫资建设，之后再通过多年采购服务的方式，分期将费用给到平台公司。政府也会确保平台公司有一定的收益率，避免国有企业亏损。后续平台公司也可以找其他有实力的外部企业合作，按照图 3.2 介绍的商务模式正常操作。

  有时平台公司也会出现资金周转紧张的情形，此时政府可以出面担保，让当地银行给平台公司提供一定额度的低息贷款。由于有政府后续采购服务的文件，收益有保障，且本地平台公司相关账户也可能设立在该银行，因此，银行也愿意提供经费支持。

- 企业投资、资源交换：这种方式是企业投入资金完成项目的建设，政府不购买服务，而是将一些类似经营权、土地使用权等资源作为回报出让给投资企业，双方互惠，盘活资源。例如，一家企业投资建设了整个城市的一网统管项目，政府将城市未来几年路边停车的收费运营权交给该企业。也有一些国有银行投资建设一网统管项目，换取当地关键交易场所的支付接入以及居民和企业的开户。

3. 流程合规

在选择好商务模式、保障了资金来源后，商务推进过程中也要确保各环节合法合规。除了按照体制规定走好各项流程外，为了更加广泛地听取意见和建议，完善方案，避免漏洞，还需要主动引入专家评审和集体决策机制。

在项目开始前，需要召开一次技术专家论证会讨论方案的可行性，并可通过市委常委会集思广益、集体决策；立项后，财政部门需要召开一次专家评审会研究投入的合理性；项目开展后，通过专家评审会完成项目的初验和终验。

同时要把握好合同签订、初验和终验的时间节奏。一般合同签订与项目初验时间间隔三个月以上；初验和终验的时间间隔三个月左右。

关于合资公司，存在几个误解：

- 数据资产安全：容易认为"只有政府控股合资公司才能保证数据安全和其所有权合法"。很多政府其实非常期望让企业控股，但又担心数据问题过不了关。

  实际上，合资公司由哪一方控股，与数据所有权并无直接联系，这点需要在合资公司的章程和企业的投资协议里同时写明"合资公司负责××市智慧城市相关业务的开展和系统建设，以及提供数据代运营服务，数据所有权和经营权归政府所有"即可。

- 单一来源采购：容易认为"只要成立了政府控股的合资公司，企业就可以通过单一来源采购的方式简化招采流程"。

  其实，是否能够采用单一来源采购的方式与是否成立合资公司以及合资公司由谁来控股并没有必然联系。

  成立由政府控股的合资公司，虽然从政府或者政府下属的平台公司到该合资公司的商务路径很直接，不用通过招采方式，但由于参股企业对合资公司不控股、不能并表，项目进入合资公司后仍然不能记为企业的经营业绩。加之合资公司确实也缺乏能力去完成项目建设，最终还是需要把建设任务再次分包出来给参股企业的全资公司。此时，由于合资公司某种意义上还是国企，需要遵守国企的规章制度，因此很难采用单一来源的方式将项目分包给参股企业的全资公司，最终还是要面临公开招投标的方式。

  不成立合资公司也有可能采用单一来源采购的方式。有时企业控股合资公司，但由于该企业跟政府早期的战略合作协议约定了相关内容的建设，合资公司的章程以及企业与政府的投资协议中也明确了公司的定位，且该合资公司之前承接的项目与即将开展的一网统管项目有密切关系，为了确保技术的成熟度、稳定性和系统的兼容性，通过专家论证，仍然可以通过采用单一来源采购的方式把项目给到企业控股的合资公司。此时，政府和企业双方都满足了各自的诉求，项目推进的速度也大大加快。

第4章

一网统管的关键技术

要实现城市治理一网统管，必须具备以下四个关键技术：城市状态一网感知、城市数据一网共享、信息流转三屏联动、虚实映射数字孪生。

4.1　城市状态一网感知

城市感知一张网是掌握城市状态的五官和产生城市数据的源头，针对城市六类感知内容，利用四种感知模式和三种数据采集方式，实现对城市的全域感知、精准掌控、合理布局。

4.1.1　六类感知内容

根据智慧城市应用的大量实践，以下六类感知内容最为常见，也最为重要。如图4.1所示，这六类感知内容包括人流量、交通流量、环境、公共安全、能耗和经济，每一类又进一步细分为若干子类，如环境包括气象、空气质量、土壤、水质等，每个子类又包含若干指标，如空气质量涵盖 PM2.5、PM10 的浓度等。

只有先定义好这六类感知内容，才能进一步规范对每类内容的感知方式，包括如何选择对应的感知设备标准、数据格式、采样频率、接入形式和布局原则等；才能统筹和连接好各种存量、增量感知基础设施；才能精准掌握好这些感知内容的状态，真正实现城市状态一网感知。

例如，针对环境大类的空气质量子项，包含 PM2.5（细颗粒物）、PM10（可吸入颗粒物）、NO_2（二氧化氮）、SO_2（二氧化硫）、O_3（臭氧）、CO（一氧化碳）六种污染物指标，需要选用标准、精密的空气质量监测站点作为感知设备（而不可采用小型低精度移动设备），该

人流量
- 交通枢纽人流量
  - 地铁人流
  - 公交人流
  - 机场人流
- 职住场所人流
  - 社区人流
  - 酒店人流
  - 园区人流
- 公共区域人流
  - 商圈人流
  - 景区人流
- 重大活动人流
  - 出入口人流
  - 场内人员密度
  - ……

交通流量
- 公共交通
  - 公交车
  - 地铁
  - 轻轨
  - 高铁
  - 飞机
- 私人交通
  - 共享单车
  - 出租车
  - 网约车
  - 专车
  - 私家车
- 运输
  - 物流车
  - 垃圾车
  - 危化品车
- 特种运输
  - 救护车
  - 警车
  - 消防车
  - ……

环境
- 空气质量
  - NO_2、SO_2、CO、O_3
  - PM10、PM2.5
- 气象
  - 温度、湿度
  - 降水
    - 雨
    - 雪
  - 风
    - 风向
    - 风速
- 水质
  - 含氧量
  - 含氯量
  - pH值
- 遥感
  - 噪声
  - 土壤
  - 垃圾

公共安全
- 自然灾害
  - 台风
  - 洪水
  - 地震
  - 积水
  - 干旱
  - 高温
  - 积雪
- 人为灾害
  - 偷窃
  - 抢劫
- 意外风险
  - 地面塌陷
  - 火灾
  - 积水
  - 井盖开合
- 舆情
  - 热点事件
  - 民众投诉
  - 政策评价
  - ……

能耗
- 水
  - 居民用水
  - 企业用水
- 电
  - 家庭用电
  - 照明用电
  - 工业用电
- 气
  - 居家燃气
  - 交通加气
  - 企业用气
- 热
  - 居民家庭供暖
  - 写字楼供暖
  - 企业供暖
  - 学校供暖
- 油
  - 汽油
  - 柴油
  - 煤油
  - ……

经济
- 消费
  - 线上购物
    - 生鲜
    - 粮油
    - 家电
  - 线下消费
    - 商超
    - 文旅
    - 医疗
- 税收
  - 个人所得税
  - 消费税
  - 增值税
  - 关税
  - 房产税
  - ……
- 产值
  - 企业产量
  - 物品销量

图 4.1 城市六类感知内容

设备成本在几十万到上百万不等，占地面积需要数平方米，需要持续电源供电。该监测站点持续监测空气质量，每小时报送一次以上六类空气污染物的浓度，过去 24 小时浓度的均值转换为一个 0 ~ 500 之间的指数，再将指数映射到不同的区间，如［0，50）对应于"优"、［50，100）对应于"良"等。由于城市各区域空气质量不均匀，需要在每数十平方公里就部署一台这样的设备。

4.1.2 四种感知模式

如图 4.2 所示，城市感知的模式可以分为以传感器为中心的感知模式和以人为中心的感知模式两大类。其中，以传感器为中心的感知模式又可以进一步细分为固定感知和移动感知；以人为中心的感知模式又可以进一步细分为主动群体感知和被动群体感知。因此，总计四种感知模式。

图 4.2　四种城市感知模式

- 以传感器为中心的固定感知：如图 4.2 左边部分所示，固定感知模式中传感器的位置保持固定不变，如空气质量站点传感器，水质监测点传感器，固定摄像头，井盖、灯杆和楼宇里的能耗传感器都属于这一类。

- 以传感器为中心的移动感知：移动感知模式中传感器的位置不断移动，如装在公交车、出租车或无人机上的移动摄像头、空气质量传感器等，都属于此类模式。

如图 4.2 右半部分所示，除了传感器，人其实也是一种高级传感器，帮助不断感知城市的韵律。以人为中心的感知方式无须安装固定传感器，也无须改造城市基础设施，只需要充分利用已有的信息化系统来完成感知任务，成本低、配置灵活，对以传感器为中心的感知模式起到了极大的补充作用。

- 以人为中心的主动群体感知：如网格员发现社区中的问题及时上报、居民通过 12345 询问某些事项、市民通过"随手拍"等应用发现城市中的隐患等，这些都是在主动帮助感知城市的状态，被称为以人为中心的主动群体感知。
- 以人为中心的被动群体感知：还有另一种模式，同样是以人为中心的感知，但参与到感知模式中的人并不知道感知任务的存在，产生这些感知数据的初衷也不是为了完成这项任务，这种感知模式被称为以人为中心的被动群体感知。

  例如，人们乘坐地铁时的进出站刷卡记录原本用于交通计费，但拥有大量此类刷卡数据便可以感知地铁线路和站点中的人流量，帮助我们做出合理的临时车辆调度，甚至优化长期的线路排班。

  线下的消费数据也可以感知人们对于不同业态的喜好、对于不同物资的需求，辅助政府完善消费刺激的政策。手机信令最初也是为了满足人们之间的通信需求，但这些数据也直接反映了人口流动和聚集密度，对于城市的风险预警、流量管控都有极大帮助。

4.1.3　三种数据采集方式

当利用四种感知模式完成了对城市状态的感知，产生的感知数据将通过如图 4.3 所示的三种数据采集方式汇入数字底座。

- 及时推送方式：当分系统完成感知任务后，第一时间主动向数字底座推送感知数据。以人为中心的主动感知模式通常采用此类数据采集方式。

  例如，有网格员发现社区中的问题时，通过移动终端第一时间主动将事件报送到指挥中心，网格分系统在收到相关感知数据后第一时间直接存入数字底座。市民发现问题或有诉求，通过 12345 或城市 App 上报，数据采集方式也类似。

- 定时拉取方式：感知数据不断汇入各分系统存储起来，等待上层应用需要使用时，通过数字底座定时从各分系统批量拉取相关感知数据。以人为中心的被动感知模式多采用此类数据采集方式。

  例如，乘客在公交出行中的刷卡数据不断沉淀在出行系统的数据库中，当上层城市治理的某项应用需要感知公交系统的利用率时，可以通过数字底座，每天或每周定时从出行系统中批量拉取相关数据，公交出行的感知数据并不是实时写入数字底座。消费和通信系统的感知数据也是如此。

  以传感器为中心的移动感知可以采用及时推送方式，也可以采用定期拉取方式。

图 4.3 三种城市数据采集方式

- 地理汇聚方式：该方式将空间位置临近的单个传感器局部组网，将其读数先在本地聚合，再通过某通道及时、统一地推送到数字底座，各个传感器不直接与数字底座发生连接，降低传输成本，但数据传输还是及时、主动的。以传感器为中心的固定感知模式多采用此数据采集方式。

　　例如，在一个开放的广场里安装了空气质量、土壤、气象和噪声等多类数十个传感器，为了降低传输成本，没有必要为每个传感器都安装通信模组。此时，可利用传感器网络，将这些传感器在广场内局部连接起来，将这些传感器的读数先汇聚到某个安装了通信模组的传感器，然后由这个传感器节点统一推送到数字底座。由于传感器网络的组网距离有空间限制，一般把距离相近的传感器聚合起来。智能楼宇中的各类状态感知也可以采用该数据采集方式。

4.2　城市数据一网共享

　　城市数据一网共享构建智能城市的数字基石和创新应用的数智底座，面向城市中结构化数据、非结构化数据和时空数据三类数据，实现数据实时汇聚、高效管理、深度融合、智能分析和跨域学习。

4.2.1　城市数据的类别

按照数据的结构，可以将城市数据分为以下三大类别。

- 结构化数据：大量的政务数据都是以表格的形式存在。如居民信息包括姓名、出生年月、职业、家庭住址等，这些都是结构化的数据。此类数据中每个主体都会有一个 ID，如居民的身份证号或者电话号码、企业的社会信用号等。针对此类数据，以上层应用为驱动，建立归集库、主题库、专题库等。

- 非结构化数据：以视频、语音和文本为代表的非结构化数据在智能城市的建设中也发挥着越来越大的作用，例如在城市安防领域中的视频监控数据、各种客服语音记录、12345 系统中居民上报的文字记录等。此类数据一般以流式数据形式接收，经过结构化处理后再开展后续的分析。

- 时空数据：这类数据包含空间坐标和时间属性，例如各类车辆轨迹、各类固定位置传感器数据、移动通信记录、移动支付记录、各种交通出行数据等都属于时空数据。此类数据体量巨大，并且蕴含了丰富的知识，是支撑智能城市应用的关键数据，但也是当前最难处理的数据，处于接不住、管不好、看不清的状态。

按照数据来源，可以将城市数据分为政府数据、互联网公开数据和第三方企业数据。

- 政府数据：包括政府各部门产生的政务服务数据、社会管理数据（如监管、处置等）、政府运行数据（如办公、审批等）和各部门采集的感知数据等。

- 互联网公开数据：包括公开的视频、语音、文本数据和地理信息数据等。

- 第三方企业数据：企业有各自的业务数据，如电商交易数据、网约车出行数据、物流配送数据等。

4.2.2 数据接入

一个城市的数据涵盖各行各业，产生于不同系统，来自不同渠道，拥有不同的数据结构。城市中产生数据的系统既有新建的系统，也有大量历史遗留的系统，通常是由不同的公司在不同的年代采用不同的技术开发而来。因此，如何把一个城市中纷繁复杂的数据从各个孤立的系统接入数字底座，就成为实现城市数据一网共享需要解决的首个难题。这里主要考虑解决以下三个挑战。

- 接入成本：如果接入每个数据源都需要重新编写数据接口，产生大量的定制化开发工作，会造成接入成本高、效率低、不切实际。我们希望实现自适应、自动化的数据接入，或者通过灵活配置、无代码接入，这需要大量的实践积累才能从纷繁复杂的数据系统中提炼出业界常用的数据接口形式，有效降低接口成本。
- 传输效率：传统的共享交换平台存在单次交换数据体量小、交换频度低等局限性，虽然能够满足政务服务场景的数据需求，但对于海量的时空数据和视频数据的高速接入，将会面临很大的挑战，这点在数字底座的数据接入环节要重点考虑。
- 安全性：对于重要的数据，在接入环节中要确保机密性、完整性和不可否认性，防止被途中侦听、篡改，并保证当数据出现问题后可以确定其来源。

其次，针对数据产生的方式和应用需求不同，可采用离线批量导入和实时数据流接入两种手段。

例如，针对社区孤寡老人的信息统计，只需要每个月或每个季度定期从人社局的数据库批量导入数字底座即可。但针对重大赛事的人流疏解问题，就需要持续、实时掌握周边的路况和运送车辆信息以及安保人员的当前位置。

4.2.3 数据管理

由于数据种类不同，被使用的方式不同，因此，对于三种不同类别的数据也应采用不同的管理方法。

1.结构化数据

针对以政务数据为代表的结构化数据，需要建立归集库，然后根据应用的领域建立主题库，最后针对某个专项应用建立专题库。

例如，针对一座城市的危化品全流程管理，需要接入危化品企业的经营数据、关键人员信息、企业处罚记录等。以上这三类数据都需要接入数字底座，并建立三个对应的归集库。把这些来自不同源头的数据在最开始就分开存储，也是为了在出现数据质量问题时能及时溯源，找到问题所在。

这三个归集库中可能会存在一些信息的交叠和互补，比如企业经营数据库和企业处罚记录数据库中都可能会包括企业拥有的车辆和仓库信息。之后，这三个归集库通过一定程度的融合，可以形成一个危化品管理的主题库，包含为企业、人员、仓库和车辆分别建立的四个表单。

进一步，为了构建危化品企业非法复工专项应用，把应用涉及的相关数据从主题库中提取到非法复工专题库，该专题库之后可被用于支持专项应用中的各种查询、分析、计算和展示操作。专题库降低了对底层大量无关数据的访问，提高了数据使用的效率，避免了不同应用之间的相互干扰。

2. 非结构化数据

以视频、图像、语音和文本为代表的非结构化数据，后续大多需要经过分析处理变成结构化数据才能被使用和查询。

例如，文本文件先通过分词得到若干词语，确定每个文档包含的词语以及该词语在文档中出现的次数，再反向建立词语与文档的对应关系（倒排表），即一个词在哪些文档中出现过。之后，给定一个查询词，就可以根据倒排表来找到包含这个词的文档，并根据词频等信息来计算文档与查询词之间的相关度。

针对图像数据，先从非结构化文件中提取颜色、形状、纹理、空间关系等特征。例如，可以提取图片的颜色直方图和关键点信息，通常一个关键点由一个固定长度的向量表示。由此，一幅图像可以先表达为一些关键点的集合。之后对这些关键点进行聚类，把相似的关键点放到一起，并把一个聚类看成一个词语，一幅图像当作一篇文章，进而可以采用对文本的处理方式进行后续操作。

根据业务性质，从图像中还可以提取特定应用关心的物体特征，如人脸、人体、车牌、车辆等结构化信息，支撑上层算法和功能模块使用。

3. 时空数据

针对时空数据建立六大数据模型，收纳万千数据；将时空索引技术和分布式计算技术结合，利用更少的计算资源提供更快的查询效率；提供多种时空查询方式，满足城市治理过程中按照空间和时间来聚合数据的刚需。

- 六大时空数据模型：如图 4.4 所示，时空数据按照数据结构，可分为点数据和网数据两类（对应于图中的两行）；时空数据按照时空信息是否动态变化，可分为时空静态数据、空间静态时间动态数据和时空动态数据三类（对应于图中的三列）。因此总共分为六大时空数据。

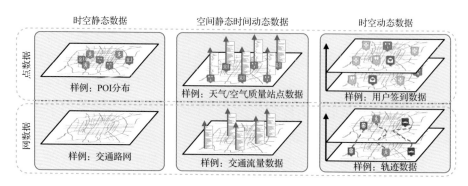

图 4.4　六大时空数据模型

如图 4.4 第一行第一列所示，点数据（如车站、大楼等）通常用一个坐标点来描述，一旦建成，其地理位置和相关信息（如面积、楼层等）都不会随着时间的变化而变化，因此属于时空静态的点数据。

如图 4.4 第一行第二列所示，一般的传感器大多安装在固定位置，但其产生的读数（如温度、湿度等信息）却随着时间的变化而不断变化。因此，此类数据属于空间静态、时间动态的点数据。

如图 4.4 第一行第三列所示的为时间和空间都随时间变化的点数据。例如，不同用户在不同时间、不同地点请求出租车的记录和使用共享单车时的扫码记录等。与时空动态网数据不同，时空动态点数据之间没有关联，没有边的存在。

图 4.4 第二行展示了网数据。其中，第二行第一列展示了时空都静态的网数据。例如，路网可以用一个网络来表达，一

旦一个城市的路网修建完毕，其空间结构和各条道路的参数不会随时间动态变化。城市的管廊、通信骨干网、铁路等基础信息均属于此类数据。

如图 4.4 第二行第二列所示，虽然路网是空间静态的数据结构，但一旦在其上叠加了动态的交通流量信息，就变成了空间静态、时间动态的网数据。叠加了动态流量信息的河道、管网也就变成了此类数据。

图 4.4 第二行第三列展示的是时空都动态的网数据，主要代表数据包括轨迹数据和车联网数据。以轨迹数据为例，人和车辆在不同的时间经过不同的地方、体现出不同的状态（如速度、方向和油耗等），不同的时空点按照时间顺序连接成链式结构（最简单的网络结构）。车联网里车辆的位置在不停移动，车辆的状态在不停改变，车辆与车辆之间的通信也在不断产生和消失，整个网络的节点和边都在不断变化，是最为复杂的时空动态网络。

● 更高的查询效率：将时空索引技术与分布式计算技术相结合，提供针对六类时空数据的多种查询算法，包括时空范围查询、最近邻查询、ID 时间点查询、可达区域查询等一系列查询方式，支持对时空数据的高效检索，向上支撑各种 AI 算法模型的高效分析。其对时空数据的查询效率比行业水平快 10 倍以上，这对于应急、交通等数据量大、实时性高的场景至关重要。

例如，在疫情防控过程中的密接人员筛查就是典型的时空临近查询，即根据历史活动轨迹，某些人跟确诊病例存在空间距离小于一定阈值且相处时间超过一定长度，即被认定为该病例的密切接触者，应及时进行保护性隔离。此时，如果不能快速从海量的人流数据中计算出密切接触者，随着密切接触者的外出活动，病毒被扩散的可能性就越大，受感染的人就可能越多。因此，查询速度越快就意味着对更多生命的保护。

- 时空数据聚合：提供多种时空查询方式，满足城市治理过程中按照空间和时间来聚合数据的刚需。例如，在治理一个社区时，需要根据这个社区的空间范围来聚合在某个时间段（如最近一个月）出入该社区的人流和车辆数据，以及这个社区内产生的消费和视频等多源数据，然后才能精准地治理社区的安全隐患或周边的停车问题。

先前在处理结构化的政务数据时，往往是通过一个唯一的标识（ID）（如人的身份证号或电话号码）来关联此人的职业、性别、年龄和收入等不同维度的数据。

但在城市治理时代，我们要治理的对象并没有这个天然的 ID 存在，例如车辆的轨迹数据里并没有它经过的社区名称这个字段，传感器、车辆和人流等数据都是通过社区所占据的空间范围以及我们关注的时间段被聚合到一起，从而建立了跟一个社区的关联。

还有很多应用，如在户外举办的活动和集会，其空间范围是根据活动地点临时选择的，无法事先固定下来。针对这样活动的治理，更加不可能找到一个特定的 ID 来关联不同源头的数据。

4.2.4 数据的智能分析

在城市数据一网共享中，除了利用数据做好服务之外，深度使用数据背后蕴含的知识来解决问题将带来更大的价值。在对数据进行智能分析时要重点考虑多源数据融合、时空 AI 引擎和积木化组件三个关键技术点。

- 多源数据融合：在一项具体的智能城市业务中，通常需要同时利用不同数据背后蕴含的知识才能解决问题。

  例如，预测空气质量需要同时考虑气象、交通流量和地理信息等多种因素。对一个地区到达人流的预测也需要同时考虑采用不同交通工具到达的人流量、周边地区人流变化、重大事件和天气情况等多种因素。

  这与大家所熟知的人脸检测、语音识别等单一数据输入的通用人工智能场景有很大区别，这些通用场景的输入数据仅仅只是一张照片或者一段语音，与智能城市业务面临的应用场景相比，复杂度低很多。

  此时，多源数据融合的能力就变得至关重要，尤其是通过有机融合不同数据背后蕴藏的知识来深挖数据价值，做到一加一大于二的知识发现，实现"不确定"+"不确定"推出确定，才能强力支撑智能城市的应用，实现城市运行一网统管。

- 时空 AI 引擎：除了图像识别、语音识别和自然语言处理等常用的通用人工智能算法模型，对数据的智能分析还需要重点打造时空 AI 技术，后者则是专门针对时空数据设计的 AI 算法模块，如交通流量预测、充电桩选址、人流聚集预警等。

  与通用 AI 模型不同，这些 AI 模型要重点考虑时空数据的空间临近性、空间层次和空间距离，以及时间的临近性、周期性和趋势性，共六大属性。这些时空特性可以大大简化 AI 模型的结构，提升算法精度，并节约大量的计算资源。

- 积木化组件：由于一网统管业务涉及很多细分应用和场景，需要更多的合作伙伴加入一网统管的建设中。因此，以上的智能分析能力都应变成模块化的组件，可以相互之间快速组合，形成合力，降低开发成本；也可以不断沉淀、被他人复用，提高开发效率；合作伙伴创造了好的算法模块也能落回到数字底座中，让城市数据一网共享的智能分析能力越来越强。

4.2.5 数据的跨域学习

鉴于用户隐私、数据安全和法律法规等因素，一个城市中的数据不可能也没有必要完全都物理汇聚到同一个数字底座。

例如，企业的数据存放在企业内部，个别政府部门的数据也需要垂直管理，互联网的数据更是无法都事先存放到一个城市的数字底座中。但并不代表这些数据就此割裂，失去了被利用的价值。

新一代的数据共享技术，支持原始数据保留在各个部门和企业的内部，在各个部门内部分别安装联邦数字网关之类的部件，通过联邦学习和隐私计算等方式，实现数据不出门，算法多跑路，既融合了不同数据源的知识、创造了价值，也避免了原始数据的泄露。这种新的数据共享方式也被称为跨域学习。

例如，在政府建设城市信用体系时，需要计算居民的社会信用分数，让信用好的居民享受美好生活，让失信人寸步难行。然而，政府只有居民的部分数据，如五险一金缴纳情况、就业、献血、房产和户籍等信息，不一定掌握居民在银行的贷款数据，更没有居民的消费数据和在互联网上的行为表现。

为了更好地计算居民的社会信用分数，需要联合采用政府、银行和一些互联网企业的数据。此时，可以在政府、银行和企业三方的数据平台分别部署数字网关，利用隐私计算或者联邦学习等方法，在各方内部利用各自数据做一定的初步计算，再将这些中间结果传递出来进一步融合计算。

在各方数据平台内部的计算过程是不可逆的，中间结果无法反推出原始数据，因此不泄露任何用户隐私。通过以上方式计算的结果和把数据直接放到一起得到的计算结果接近，可以满足应用的需求。

其实，以上社会信用体系只关心最后用户的信用评级，并不需要具体掌握用户缴纳的五险一金的金额、具体的购物和贷款记录。银行侧做贷款风控时亦是如此，银行只需要知道能否给某个居民贷款、贷多少额度的款风险是可控的，并不用掌握该居民详细的个体信息。

如果把不同机构比作麦田，机构中的数据比作小麦，联邦数字网关就是磨麦机。我们用磨麦机在各自的麦田里把小麦磨成了面粉，从面粉里我们无法反推出原来小麦的样子。之后把不同麦田里的面粉拿出来，加上水，和成面，做成包子，这个包子就是有价值的应用，但我们并没有泄露任何的原始数据和可读信息。这个不可逆的粗加工过程并不是加密，也不是简单的匿名化处理，更不是特征值提取。

联邦数字网关支持双方和多方计算，属于数据共享的第三个代际。

- 矿石时代：我们直接提供原始数据的交换和查询，不对数据进行任何处理，数据就像矿石一样被直接拿去使用。后期有人采用基于沙箱的联合建模技术，双方把数据接入一个安全、干净的沙箱里，数据进入后不能被复制和传输，数据使用完毕之后，销毁沙箱。虽然沙箱销毁后数据不复存在，但原始数据终究还是离开了原来的机构。

- 原油时代：多方安全计算通过密码学技术实现密文共享，在无可信第三方的前提下通过数学理论保证参与计算的各方成员输入信息不暴露，且同时能够获得准确的运算结果。虽然数据经过了加密（从矿石变成了原油），但还是有解密的可逆恢复过程，其实数据还是离开了原来的机构。

- 天然气时代：利用联邦学习技术，原始数据不出库，数据处理之后不可逆，无法从传递的信息中推断出原始数据，就像看不见摸不着的天然气一样。

4.3 信息流转三屏联动

三屏联动是信息在不同岗位间的流转方式，也是不同层级间行动一致的保证。大屏观态势、中屏管处置、小屏做执行，让业务高效决策、指令高效执行、事件高效闭环。

1. 大屏观态势

大屏一般配置在市级城市运行中心、区一级指挥中心之类的大厅，通过大屏，领导和工作人员可以平时观城市运行的总体态势，战时观应急事件的指挥执行。

平时的态势可以包括之前定义的六类感知内容，即人流量、交通流量、环境、能耗、公共安全、经济。每个板块也可以进一步下钻获得更加详细的态势信息。

如在交通流量板块可以进一步看公交车、地铁、出租车、货车等不同运输体系的态势，能耗板块可以进一步展开看供暖、燃气、电、水等细分领域的态势指标。在平时工作过程中发生异常时，可将与该事件相关的信息调至大屏，供众多人员一起会商、处置。

当遇到重大紧急事件，指挥中心可以成为临时指挥部，工作组可以利用大屏来指挥、调度各级力量，高效协同，完成任务。这里有两种指挥方式供选择。

- 通过下级指挥中心逐级调度：在此过程中，应确保市－区－街道三级联动、屏幕一致、行动一致，即各级大屏幕看到的关于该事件的内容一致，上级下达的指令中间各级都知晓，前线的行动结果和向上反馈各级都保持一致。
- 市级城市运行中心直接指挥一线工作人员：不通过中间层级的指挥中心，这种方式在遇到重大灾难、应急响应时非常有效。该模式既是为了快速掌握一线信息，便于高效决策、高效执行，也避免了中间节点因不可抗力受到干扰破坏，如中间层级的指挥中心因为地震坍塌或遭遇泥石流掩埋等。

2. 中屏管处置

大部分的事件都是通过中屏（即工作人员的桌面电脑屏幕）来完成分拨、处置、下派和上报。

例如 12345 收到一个市民的求助，工作人员会根据事件的属性利用中屏把其分拨到相应的管理部门。管理部门的工作人员在中屏接收到相应事件，如果该事件在自己的权限范围内，则可以在中屏上直接完成处置；如果需要一线工作人员上门协助，则将该事件下派给相应基层工作人员。

垂直业务部门也会从自己的业务通道收到基层工作人员上报的事件，当事件超出自身业务能力时，工作人员可以利用中屏将该事件上报城市运行中心和相应的上级综合指挥中心，由后者完成分拨流转，直至找到相应的部门完成处置。

3. 小屏做执行

小屏是一线工作人员的手持终端设备，如手机等。小屏是基层工作人员进入一网统管体系的入口，利用小屏接收和执行下派任务，同时也可以利用小屏发现和上报基层问题。

- 接收执行：利用小屏接收上级派发的事件，访问获取一网统管连接的各种资源，在现场利用小屏操作执行任务，并最终将任务执行的结果反馈给上级部门。

  例如，基层的城管人员在小屏上接收到上级指挥中心派发的一个关于占道经营的事件，需要前往核实、处置；工作人员利用小屏可以调取该涉事主体的经营许可信息，如约定的经营场所范围和业务种类等；当城管人员到达现场后，根据相关信息确认该主体确实存在占道经营事实后，及时收集证据，进行处置，并依据法规做出相应处罚；整改完毕后，将处置前后的现场照片和相应处置结果上传至指挥中心存档。

- 发现上报：小屏的另一种使用方式是发现问题、主动上报。

  例如，网格员在巡检时发现了一些供热管网存在破旧损坏现象，渗漏情况严重，给社区安全和人民生活带来了较大安全隐患。此时，可以利用小屏收集相关信息，包括时间、地点、文字描述、照片等，主动上报到上级指挥中心。

4.4 虚实映射数字孪生

数字孪生是物理世界和信息系统的桥梁、人机协同的界面，实现物理映射、动态叠加、融合分析、交互反馈四个环节。

1. 物理映射

在虚拟世界基于数据建立物理世界非常逼真的数字模型和镜像。

例如，物理世界里有一座桥，虚拟世界里就会有这座桥详细的数字建模，关联的信息具体到每个桥墩、每块砖的体积、材质、生产商和建设日期等。如图 4.5 所示，在智能城市领域常用的数字孪生模型包括素体城市三维模型、精细纹理城市设计三维模型、城市地形地貌三维模型、地下管线三维模型等。

- 素体城市三维模型：如图 4.5a 所示，该模型与城市各建筑物造型和比例保持一致，模型只体现建筑物外部轮廓，无任何外立面造型，模型颜色为白色、灰色、半透明或甲方指定的单一颜色，模型无材质属性。地上桥梁、隧道模型只体现基本轮廓，无节点深化等复杂构造，无地下管道或管廊模型。

- 精细纹理城市设计三维模型：如图 4.5b 所示，该模型与城市各建筑物造型和比例保持一致，模型体现建筑物外立面轮廓，且外立面造型与实体建筑物保持一致，模型颜色和材质属性与实体建筑物保持一致。利用专业 BIM 软件建立地表模型，包括景观、道路、河湖、隧道等，模型颜色和材质属性与实景保持一致，地上桥梁和隧道模型与实体保持一致，不包含复杂工艺节点。

- 城市地形地貌三维模型：如图 4.5c 所示，该模型与城市地形地貌实景和比例保持一致，三维模型包括山川、河湖等，可以以各地区数字高程模型（DEM）与彩色数字正射影像图（DOM）为基础进行数据格式转化、加工、处理，生成城市地形地貌三维模型。

- 地下管线三维模型：如图 4.5d 所示，该模型直观地展示地下管线的空间层次、位置、材质、形状、走向和工井结构，极大地方便了排管、工井等重要部件的查找，为日后地下管线资源的统筹利用和科学布局、管线占用审批等工作提供了精准、高效的参考。

a）素体城市三维模型

b）精细纹理城市设计三维模型

c）城市地形地貌三维模型

d）地下管线三维模型

图4.5 数字孪生系统中常用的城市模型

2. 动态叠加

将物理世界的动态信息，如车流、人流、气象、能耗等，叠加到数字世界模型上，实现更加逼真的展现。这里并不是简单地展示渲染问题，必须要有底层系统和算法能力的强大支撑。例如，城市里会源源不断地产生海量时空数据，如果想要流畅地展现任何区域、任何时间段的某种数据，原有的大数据平台大部分无法实现，面临接不住、看不清、用不好的挑战。

首先，由于数据结构特殊且体量大，这些平台无法接住如此洪水猛兽般的数据流。

例如，车辆的轨迹数据是一连串带有时空属性的点，随着车辆的运动，这些点会持续产生、不断延伸，我们并不能提前预知车辆会停在哪里、什么时候停。因此，这个车辆将产生的轨迹数据文件到底有多大、何时生成完毕都不可预知，这跟接收一个事先已经生成的文档和照片文件不同，也给数据的接收带来了额外的难度。

如果不做任何处理，把收到的单个时空数据点独立存储，不同车辆的点数据都顺序存放到一个数据库中，一旦用户在数字孪生界面上想实时查看某辆车的轨迹时，从数据库中提取相应轨迹的操作的工作量就极大。

其次，由于缺乏时空索引技术与分布式技术的结合，无法实现对于这些数据按照时空范围的高效查询，因此无法支撑上层数字孪生系统跟用户的实时交互。

例如，在疫情防控时，需要查看过去 7 天经过特定社区的人群活动轨迹数据。这时需要对移动通信系统中海量手机通信数据（可能包括一个城市甚至一个省全量人口的通信数据），以社区的地理空间作为空间范围和过去 7 天时间段作为时间范围，来筛选出满足条件的人群的手机信令数据。

这些时空范围由用户根据业务需要在数字孪生界面上动态给出，并可以不断修改、调整。如果数据不能按照某种方式筛选过滤，大量数据杂乱无章地混在一起，用户也根本无法看清，更无法找到想要的信息。

最后，因为缺乏针对时空数据的挖掘工具，很难展现数据更深层次的价值。

如相比危化品车辆的行驶轨迹，大家更关心其停留的地点。从原始轨迹数据中检测停留点，就需要挖掘时空数据的工具。原来的大数据平台上缺乏此类算法和工具，挖掘数据难度大、效率低，数据价值难以体现。

3. 融合分析

除了能动态加载各种城市数据，数字孪生系统还需要利用 AI 和大数据模型，对数据进行深入、融合分析，产生能指导物理世界行动的决议。例如，根据实时的交通数据发现交通堵点，分析影响范围和扩散趋势，并建议疏导方案和绕行路径。通过居民上报、物流快递、外卖订餐和社区房屋基础信息来动态发掘群租房隐患，并及时联动相关政府部门予以排查处置、合理疏解。可以根据一个商圈的经营信息、财税数据和用户的消费记录来综合分析该商圈的业态结构和空间布局是否合理，并做出相应调整，以促进商圈的消费。还可以根据该商圈周边的公交线路、地铁站点、道路结构、停车场数量、路面交通流量和区域内人流密度等信息来融合分析商圈的交通配套设施是否合理，并给出有效的改造建议，让人们的出行更加便捷、舒适，从而增加商圈的人流量。

4. 交互反馈

通过数字孪生系统将决议作用于物理世界，指导人们的行为和方

案的实施。该决议既可以用于即时响应，也可以作为对未来规划的长
效反馈。

- 即时响应：例如，在以上拥堵治理的案例中，通过数字孪生系
  统可以基于分析结果来指导现实世界中周边地区的交通管制和
  疏解行动，甚至可以通过数字孪生系统直接给某个具体的交警
  下派任务，并能在数字孪生系统中实时、清晰地看到交警执行
  任务的状态，就像玩游戏一样在虚拟世界里治理城市。
- 长效反馈：在以上商圈案例中，根据建议的业态结构、空间布
  局和交通设施，利用数字孪生系统，可以模拟分析出改造后的
  商圈人流量和消费情况，推算出新增商业收益，评估投入产出
  比，并判断对周边交通的影响。

  在这个模拟过程中，可以结合专家意见人为地调整改进措
  施，如改变公交车站的位置、调整某些店铺的业态、增加停车
  位的数量等，分析对比不同策略的成果和影响，从而得到更加
  理想的结果。

第 5 章

一网统管的创新应用

一网统管构建的强大底层能力需要通过上层应用来展现，一网统管系统的运行也需要应用来牵引和不断打磨。因此，除了前面章节介绍的技术、平台和机制创新外，一个成功的一网统管项目还需要几个关键的创新应用来穿针引线、彰显价值，起到画龙点睛的作用。本章重点讨论创新应用的选题标准和设计原则，并介绍一些成功的创新应用案例。

5.1 应用设计

1. 创新应用的选题标准

由于城市环境错综复杂、业务种类繁多，可以选择的应用也非常多，可根据地方特色、范围普适、横跨部门、数据智能和成果可见五项标准来选择创新应用，让一网统管快速凸显价值。

- 地方特色：每座城市都有不同的地域位置、功能定位、支柱产业、经济基础和发展方向，选择的创新应用最好能与城市的这些特色挂钩，即体现城市独有的一面，也顺应城市的发展趋势。

  例如，南通是危化品生产和加工的大市，拥有几千家危化品企业，因此，选择与危化品相关的创新应用就符合南通特色，也能帮助南通市解决治理和发展的大问题。

  又例如，一个国家级自贸区，社区居民人数并不多，一般只有几十万人，但国际贸易、航运物流等支柱性产业非常发达，此时，一网统管的创新应用选题应更加注重仓储安全和物资运输等方面的治理工作。

- 范围普适：选择的创新应用不应只针对个别人群、个别企业或单个区域的独有问题，而应考虑涉及全体市民、行业共性、全市范围的普适性的问题。

  例如，如果只是某个小区存在垃圾清运不及时的问题，其他小区都不存在，这可能是小区内部的问题，此类问题可以由物业或者相关社区管理人员解决，无须作为一网统管的创新应用上升到市级层面。但如果这是一个全城都存在的普遍问题，很多社区的居民都反映了该共性现象，则很可能与政府工作有关联，可以作为一网统管的创新应用。

- 横跨部门：创新应用应重点针对横跨多个部门的业务场景，如果一项任务可依靠原有垂直业务系统由单一部门闭环完成，一网统管的创新应用无须干涉此类事件。这样一来，一网统管和各垂直业务系统也能更好地形成统筹与分工的协作关系。

  例如，危化品的全流程管理涉及九个部门，根据南通市政府的介绍，在没有一网统管系统之前是"九龙治水、各管一段"，难免会形成真空地带和业务盲区，这类事项就特别适合作为一网统管的创新应用选题。

- 数据智能：首先，创新应用所需的数据要有可获取性，并有一定的质量保证；其次，创新应用要利用智能算法深挖数据价值，使用数据中蕴含的知识来解决问题，创造相较直接应用数据更大的增量价值。

  例如，在危化品案例中，通过分析危化品运输车辆的轨迹，利用智能算法挖掘出危化品车辆的驻留点，并将这些驻留点与危化品企业和加油站等合理停靠点比对，找到车辆的异常驻留点，以此推断出非法复工的危化品企业或者没有资质的黑工厂。

因为一个危化品企业在停工整改期不应该有危化品运输车辆停靠拉货，那些没有资质的黑工厂更不应该有危化品运输车辆停靠。原始数据中并不包含这些有价值的信息，需要从数据中深挖得到，从而体现了创新应用的价值。

- 成果可见：创新应用应能在城市安全、稳定和发展中的至少某一方面直接产生可衡量的业务价值，避免只做一些中间过程优化，无法体现出最终的价值。

还是以上面的危化品全流程管理为例，做这项创新应用的根本目的就是保证城市的安全，避免因危化品爆炸而带来的灾难和损失。而引发危化品爆炸的最大诱因就是在不具备合规条件下开展危化品的经营工作，包括生产、存储和运输等。

因此，如何及早识别并查处此类企业就是避免危化品爆炸、保障城市安全最为重要的举措，如果创新应用能做到这点就有直接的业务价值。自上线以来，南通的危化品创新应用已经成功识别、查处了上百起危化品企业的非法经营，成功规避了重大风险。

2. 创新应用的设计原则

在选定了创新应用的选题后，应按照应用闭环、长短结合、兼容利旧、实战实用的原则来详细设计其功能。

- 应用闭环：针对一个创新应用场景，不仅仅是数据采集和展示，也不仅仅是监测事件状态、能对异常预警，还需要能及时处置预警、高效指挥过程并对结果问效，从感知到一个事件的发生到处置该事件完成，把一网统管中孤立的功能模块串联起来，拿到最后的结果，形成应用闭环。

以南通危化品管理为例，其创新应用不仅能发出工厂非法复工的预警，还能将预警转化为任务推送到相关部门（如应急局和交通运输局）开展处置，在处置过程中还能利用联动指挥协同多方力量，最后评估事件处置的结果。

- 长短结合：创新应用既要有短期的及时处置能力，通过监测－预警－联动指挥来快速发现问题、解决问题，也要基于长期积累的数据，结合分析研判能力来探寻深层次原因，根治问题，并掌握宏观态势和事物普遍规律，发挥长效价值。

  例如，针对群租房问题，既要能在短期内快速发现群租房隐患，进行处置，也要了解全城群租房的态势和分布，分析其背后的根本原因，并结合专家意见得出解决该问题的措施和建议。

- 兼容利旧：创新应用的搭建一定要充分利用现有业务系统，这不仅是为了提高开发效率、降低开发成本，更重要的是确保创新应用与现有业务的兼容，让工作人员的使用习惯和业务经验能延续，让创新应用最快、最大可能地见效。

- 实战实用：创新应用应以实战实用为原则，避免一味追求炫酷的展现效果、浪费资源，避免功能过于复杂、操作过于烦琐，确保系统简单好用、符合业务逻辑，降低工作人员的学习成本。

  例如，数字孪生系统适用于有三维地理信息需求的场景，比如涉及地下管廊和地面的桥梁的应用，二维地图无法反映深度和高度，因此无法给出确切的位置来指导事件处置。如果仅需要二维地理信息，如路面出现交通事故或网格员上报事件，其位置信息利用平面地图就可以很好地满足需求。

5.2 创新应用示例

本节挑选了少量的创新应用示例，其目的并不在于推荐这些应用本身，而在于通过这些应用让读者体会创新应用的选题标准和设计原则。由于不同的城市有不同的特点，创新应用本身并不一定能推广，但只要掌握了选题标准和设计原则，就能很快地构建实战实用的创新应用，彰显﹣网统管的价值。

5.2.1 危化品全流程管理

1.问题描述

危化品是工业生产中的重要原料，对不少地方经济的发展有着举足轻重的作用，同时也给城市带来了巨大的安全隐患，如果治理不当，后果不堪设想。危化品全流程管理包括生产、存储、经营、运输、使用和处置六大环节，涉及企业、运输工具和仓库等多类实体，关联应急管理局、交通运输局等九个政府部门，是一件极其复杂的事情，面临的挑战如下所述。

- 各管一段、有盲区、协同难：在传统的危化品监管方式中，不同委办局"各管一段"，负责不同环节的监管。

  例如，应急管理局主要负责危化品生产、使用环节的监管，交通运输局则主要负责危化品运输的环节。由于过去数据没有互联互通，因此这种"各管一段"的方式就会造成一些监管盲区，而且相互之间联动协调困难。

- 人力不足、企业多、覆盖难：政府部门的人力不足以支撑对于一座城市中大量危化品企业的管理。

例如，一个地级市的应急管理局一般只有几十人的编制，而且需要管理很多不同的应急业务，面对上千家危化品企业，如果没有先进的自动化管理工具，依靠少量的工作人员无法做到无死角监管。更有一些不良企业在政府工作人员来检查时表现良好，等工作人员离开后就开始违规操作，甚至选择在深夜作业。这种博弈式的躲闪让危化品管理变得更加困难。

- 智能不够、数据少、预警难：相对于事发后做补救，危化品管理更加强调事前预警、防患于未然，这需要基于智能算法和不同部门的数据来构建提前预判的能力。在没有实现一网统管前，这样的能力很难在单个委办局建立起来，也没有多维度数据的输入作为支撑。

通过以上分析可以发现，该应用选题满足"地方特色、范围普适、横跨部门、数据智能和成果可见"五项标准。

例如该城市是危化品大市，危化品企业众多，危化品也是重要的支柱产业，符合地方特色标准。

同时，由于企业众多，分布在城市的多个区域，运输车辆、船舶也贯穿城市的运输干线，不是针对单一企业、单一地区的应用，符合范围普适标准。

危化品全流程管理涉及九个政府部门，不是某个部门的单一业务，单个部门各管一段，存在管理盲区，是典型的跨部门业务，符合横跨部门标准。

危化品管理强调事前预警、防患于未然，这需要基于智能算法和不同部门的数据来构建提前预判的能力，符合数据智能标准。

通过该创新应用赋能现有的治理队伍，在不增加人力的前提下，帮助该城市高效地查处非法复工企业和黑工厂，消除了危化品爆炸的安全隐患，在确保城市的安全稳定方面，带来了直接的业务价值，符合成果可见标准。

2. 解决方案

针对以上挑战，构建危化品全流程管理的创新应用，通过打通数据、自动监测、联通系统等手段，减少管理盲区，提升协同效率，增强管理效能。

- 打通数据、全息档案：利用数字底座打通、汇聚各部门数据，为企业、运输车辆和仓库构建全息档案，让不同的部门可以全面掌握这些实体的信息，避免产生管理盲区。同时，利用知识图谱将企业、车辆、仓库和重点人员（如司机、法人等）关联，便于以一类实体为中心来查看它的各种属性和关联信息，为发掘更深层次的知识做好支撑。

  例如，针对一个企业，可以把企业的生产数据、经营数据、运输订单和过往处罚记录都汇聚到一起；针对一个仓库，可以把仓库的空间信息、内外环境状态、危化品的储量和位置、物品出入库信息、巡检记录等关联到一起。

  同时，一个企业下辖或与其有业务关联的仓库、车辆和司机也都可以通过知识图谱连接到一起，形成一张大网。当单击一辆车时，可以把它关联的司机、企业、配送过的订单、运输轨迹、去过的仓库都展示出来。与危化品管理相关的九个部门都能看到这些信息，并利用这些信息更好地完善自己的业务。

- 自动监测、智能预警：通过在车辆、仓库和生产线安装的传感器，实时感知企业生产、存储和运输危化品等环节的状态；同时，结合不同系统中生成的交易记录、配送订单、处罚数据等，自动监测和识别企业的违规行为，并利用智能分析算法，提前发掘潜在的风险，如车辆偏离预定路线、被关停企业非法复工、黑工厂等，做到尽早处置。

例如，可安装监测温度、湿度、压力、一氧化碳浓度等环境状态的传感器，监测用水、用电、用气等能耗指标的传感器，监测位移、形变、液位、移动轨迹等位置信息的传感器，以及摄像头、红外等光学传感器。这些传感器信息可以实时地在地图上（甚至在数字孪生地图上）显示出来，一旦某些指标超过安全阈值，便可快速报警，有一些操作（如阀门的开合、温度的调节等）也可以通过远程控制完成，减少人工巡检所需的人力资源消耗。

此外，检查配送订单指定的运输线路和车辆的实时轨迹，一旦发现车辆偏离指定路线，系统自动报警，并推算出车辆未来将要到达的区域，将相关信息推送给地面的交通管理人员进行拦截，以避免安全隐患。

再者，从运输车辆的移动轨迹中可以分析其驻留点，通过将驻留点与危化品企业匹配，找到车辆的异常停靠点，并以此推断出非法复工的危化品企业或者黑工厂。同时，结合这些被识别企业的用水和用电数据，可以精准定位出企业非法生产的时间段，以便应急部门可以有效取证、精准执法。其根本原理是，被停工的企业不应该有运输行为，更不应该有大量用水、用电的生产行为。

根据运送车辆的轨迹还可以发现其上下游企业（买家或原料供应方），并推断出运输车辆必经路口和时间段，让运输局可以准确无误地截获车辆。

● 联通系统、协同作战：利用一网统管中台联通各垂直部门的业务系统，使得部门之间可以高效协同、联合执法。

例如，在上面的案例中，一网统管平台产生的预警信息经过管理员核实后，会生成两个任务工单，分别下发给应急管理局和交通运输局，工单中包含具体的企业信息、处置事项、时间、车辆信息和协同单位等，使得两个部门可以联合执法，其中应急管理局去企业厂房处置非法生产行为，交通运输局去截获并处置相关运输车辆。这些信息会通过两个部门的垂直业务系统进一步下发给相应的执行人员，执行人员完成任务后，处置结果也会通过各自系统上报汇总到一网统管平台。

通过以上介绍，可以看到提供的解决方案满足"应用闭环、长短结合、兼容利旧、实战实用"的设计原则。

例如，危化品风险的预警、处置和问效形成了闭环，符合应用闭环原则。

风险预警模块查处非法运输车辆、生产企业，防范短期风险；分析研判模块洞察监管漏洞和违规行为动因，挖掘深层次原因，以做到长效根治，符合长短结合原则。

联动指挥系统对接不同层级的指挥中心和现有网格等业务系统，利用基层工作现有的执法终端；监测预警模块利用现有的传感器和业务系统数据等，符合兼容利旧原则。

在联合处置过程中，应急管理局和交通运输局能高效精准执法、协同作战，通过查处违规生产和经营的企业来降低引发安全事故的风险，既提高了人效，也带来了实际的业务价值，符合实战实用的原则。

3. 使用方式

如图 5.1 所示，在城市运行中心的大屏上展现危化品全流程管理的总体态势图，反映危化品涉及的三类实体、六大环节的各种实时状态，并针对运输工具、企业主体、生产设备三类实体的状态分别构建运输地图、企业地图和监测预警地图。按照危化品管理的六大环节，将企业分为生产、经营、存储、运输、使用和处置六大类别，并用不同的图标在图上表示。

例如，图 5.1 左下角显示，该城市有 213 家危化品生产企业和 158 家存储企业。图 5.1 右上角显示，该城市总共有 370 个二道门，其中 335 个运行正常、2 个运行异常、33 个处于离线状态。

图 5.1 危化品全流程监管总体态势图

根据图 5.1 中右上角的单选项，当前总体态势图上展现的是企业分布。为了避免企业过多、相互交叠遮挡，在总体态势图上将企业先按照区一级聚合，每个黄色气泡中的数字表示该区下辖的各类危化品企业总数量。此外，通过图右上角标签的切换，在总体态势图上也可以查看二道门分布、DCS 分布等与危化品生产管理相关的重要设施的分布。届时，地图上气泡将表示相应设备的聚合，其中的数字表示相应设备在对应区域的数量总和。

如图 5.2 所示，当单击某个具体区域的气泡时，下级的危化品企业将全部展开可见，图上不同颜色的气泡图标表示不同类别的危化品企业。当单击一个具体的图标时，可以查看该图标对应企业的总体状态和重要数据。如该企业当月有 8 个危化品运单，运输总量为 139 吨（其中运进 38 吨、运出 101 吨）；该企业有 2 个储罐区、24 个储罐、11 个库房；最下面是前 5 名主要的危化品种类。此外，还可以进一步查看该企业的产业链、全息档案和实时状态的详细信息。

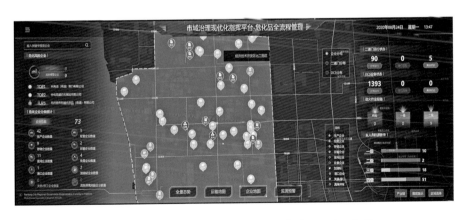

图 5.2　总体态势图下钻至某个具体区域

当单击图 5.2 右下角的"产业链"按钮后，将进入图 5.3 展示的对应企业的产业链，包括其上下游企业及对应的地理分布。这些信息有助于判断企业是否存在非法经营和运输行为。

图 5.3 企业的产业链分布

当单击图 5.2 的"查看全息档案"按钮后，将进入图 5.4 和图 5.5 展示的企业全息档案页面。该页面包括企业的基本信息、单据、行政、设备、人员等来自不同部门的数据，以及产生的监测预警信息等。由于篇幅限制，只节选了前两部分内容展示。这些信息可以供所有相关部门查询使用，各部门产生的数据也会实时、自动、有序地汇总进来。

同时，全息档案中还会构建企业、设备和运输工具的知识图谱。利用该图谱，可以以任何实体为中心来查看关联信息，如可以以一辆车为中心来查看其归属企业、驾驶过的司机、送货企业、取货企业、完成订单、处罚信息等。

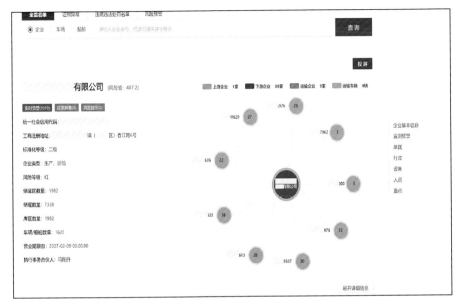

图 5.4　企业的全息档案图部分展示之一

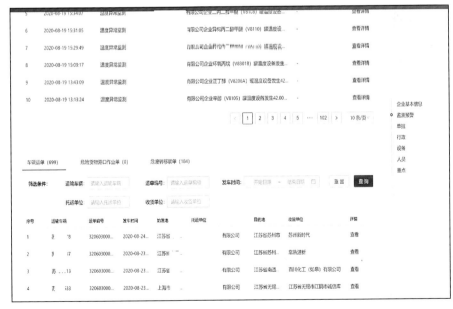

图 5.5　企业的全息档案图部分展示之二

当在查询过程中对一辆车的关联司机产生了疑问时，可进一步单击这个司机，形成以一个司机为中心节点的视图来查看其关联的车辆、订单、企业和处罚信息等。由于一个司机可能驾驶过多辆危化品运输车辆，因此会关联出很多增量信息，并不是原有信息的重复展现。

这种信息组织的方式聚合了多维度的零散信息，有利于发现潜在关联，提高问题探索效率和灵活性，避免了开发大量的固定展示页面，降低了开发成本。

当单击了图5.2的"查看实时状态"按钮后，将进入如图5.6和图5.7所示的企业生产和存储等环节的实时状态，如二道门、DCS、三维地图等。其中三维地图会重点展示储罐、成品库等实体的三维模型，并实时显示这些设备关联的危化品种类、温度、湿度、压力、液位等状态。一旦出现异常，可以及时在三维地图的相应位置报警，如某个罐体的顶部或某个仓库的第几层区域。由于储罐和仓库有高度、容量等三维信息，因此，有必要采用三维地图甚至数字孪生技术来提供服务。

图 5.6　危化品企业的二道门状态

图 5.7　危化品企业的三维地图

当掌握了来自各个部门和各类传感器的数据后，利用智能分析技术可以发掘更深层次的问题，提前预警。预警信息会以红色闪光气泡的形式直接显示在如图 5.1 所示的危化品全流程监管总体态势图上。

当单击了该预警信息对应的图标后，就进入如图 5.8 所示的详细分析界面。根据危化品运输车辆的轨迹分析其驻留点，并将驻留点与危化品企业匹配，如果车辆多次停靠在已经被停工整改的企业，可以推断出该企业存在偷运危化品的现象，并有可能在持续生产、经营，属于非法复工。

为了让应急管理局能更加有效、精准地取证执法，可以进一步分析运输车辆停靠的时间段，摸清运输规律，找准时间地点，甚至结合这些企业的用水和用电数据，精准定位企业非法生产经营的时间段。

图 5.8　针对非法复工企业的智能预警

一旦该预警信息经过城市运行中心的管理员核实后，可以通过系统自动下发给应急管理局和交通运输局。

如图 5.9 所示，工单的关键信息包括企业名称、处置时间段、详细地点和涉事车辆号牌。这两个任务工单分别进入应急管理局和交通运输局的业务系统，并下发到执法人员手中。执法人员也可以在执法过程中调取相应企业的产业链、全息档案和实时状态信息，用于辅助执法。

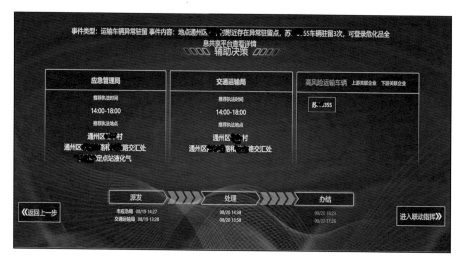

图 5.9　联合执法工单下发

5.2.2 群租房管控

1. 问题描述

城市的高速发展吸引了大量人口涌入，租房需求激增。在此大环境下，存在一些不法中介或者二房东，违规改变房屋建筑结构，将本来只能容纳 3 ～ 4 人的住所，改造成供十几人甚至几十人密集居住的群租房，制造了邻里纠纷和室内群租人员间的争端，并引发了很多盗窃事件和财物损失。在牟取暴利的同时，也给城市带来了极大的安全隐患。群租房的改造行为，如拆墙、砌墙、掏洞等，容易破坏建筑原有结构，降低房屋本身的受力和抗震程度；也容易损坏房屋甚至楼内的公共基础设施，如水管、暖气管道和电缆等。新增加的房间需要私拉电线，容易引发火灾，造成人身伤害和财产损失。

群租房由于人数多、来源杂、素质参差不齐、生活习惯不一，容易给周边的邻里生活带来干扰，造成纠纷。另外，群租房内人员关系复杂、流动性大，经常发生财物丢失的现象。由于资源和空间有限，群租房内人员容易起争端，甚至演变成斗殴和人身伤害事件。但要治理群租房现象存在以下挑战。

- 隐藏深、潜伏久、预知难：出于知道是违法行为，群租房的改造和租赁都非常隐蔽，刻意回避大众，还有一些二房东和中介机构违规改造，房东自己都不一定知晓，因此群租房很难被及早发现或自动发现，大多还要依靠居民举报，或者发生了事故、灾难后才为人知晓。

- 房屋多、人手少、排查难：一个城市的房屋众多，政府部门人手紧缺，无法逐一排查。况且群租房毕竟是少数，逐一排查不仅效率低，还会给其他合法居民带来不好的体验。群租房的排查和管理也涉及住建、街道管委会、综治办、公安等多个部门，需要跨部门联动，否则容易出现重复排查，浪费政府资源，也会出现单个部门能发现但无法处置的尴尬情况。

- 信息弱、标准泛、定位难：被改造成群租房的房屋一般不会在高档社区，其所处的小区一般管理不严、信息化程度低，甚至都不一定有门禁系统；很多小区即便有门禁系统，也只是在小区大门处设置，门禁卡内也没有住户信息，定位到楼栋都难，更无法确定到住户。

由于无法获得群租房的租房合同信息，很难仅凭居住人数来判断是否存在群租现象，这还跟房屋的大小和家庭成员构成有关，而且国内还没有针对群租房人员数量的严格定义。由于水电数据的颗粒度很粗，仅仅根据用水、用电总量信息也很难判断是否存在群租房现象。

2. 解决方案

针对以上挑战，利用快递、外卖或者电商平台上的收货地址信息可以简单有效地识别群租房现象。

例如，在某个外卖业务平台上，在相邻时间段里，如果有超过四个不同用户账号分别下了外卖订单，且外卖的收货地址为同一房间号，则该房屋有很大可能性存在群租房现象。因为即便是一个家庭存在老人、年轻人和小孩多人共处一室的现象，也很难出现四个人在同一时段、在同一个平台上分别用四个不同账号点外卖的情况。

同理，如果在某电商平台上有超过六个不同用户的主收货地址都是同一房屋，且存在相邻的一两天内有真实配送发生，也有极大可能性存在群租房现象，尤其在非别墅区，这种论断的可能性更大。大部分普通家庭，即便家里有多位成员，为了节约运费或者 VIP 会员费，在同一电商平台也会集中共用 1 ～ 3 个账号。如果是有多位人员在不同电商平台上设置了相同的收货地址，这种推断就不一定成立了。

这种方法不用推断房屋内的居住人数，也无须知道房屋的面积，减少了对水电、门禁等其他数据的依赖，简单有效且准确率非常高。至于该方法的阈值该如何设置可视情况而定，设置的数字越大，准确率越高，但也可能会漏掉一些群租房。

5.2.3 热点地区停车治理

1.问题描述

城市中存在一些资源稀缺型区域，如高质量三甲医院等，尤其是资历老、有口碑的公立妇产医院，一直是市民就医的首选。然而这些医院所在区域地理空间有限，早期建设时也没有考虑到日后大量的停车需求。因此，在此类医院周边停车非常困难，医院门口车流如龙，延绵几百米且一位难求，给城市带来了以下困扰。

- 耗费资源、降低效率：这不仅浪费了就诊者的时间，也很容易造成交通堵塞，并影响到周边干道的交通通畅，使得医院所在区域的出行效率下降。医院和政府部门还要投入大量的人力物力去维持秩序，耗费了时间和资源，降低了出行和工作效率。
- 诱发争端、安全隐患：由于长时间的排队、拥堵，司机容易产生焦躁情绪，也容易引起剐蹭、摩擦等事故，进一步诱发人员间的争端和激烈冲突，制造不和谐因素。更重要的是，这些车上往往都载有孕妇等特殊群体，生命体征在情绪激动或有身体激烈冲突情况下容易出现危险，危及生命安全。

此外，医院门口拥堵，如遇到紧急情况，载有急需救治病患的车辆无法及时进入医院，将损失抢救时间。一旦因为停车问题危及生命安全，将会引起市民不满，造成社会舆情。

此类现象长期困扰着很多城市，它并不是一个简单的停车问题，其原因也不仅仅是停车位不足。以最为热门的妇产医院为例，造成停车难问题的更深层次原因包括以下几点。

- 居民有过度使用医疗资源的倾向。因为生孩子是人生大事，且有一定的风险性，家庭非常重视，都尽可能地想使用最好的医疗资源，所以向掌握优势资源的大医院聚集是民众的自然选择。

- 医患信息不通畅，导致附加流量占主流，非必要流量显著。分娩前的各种产检增加了居民前往妇产医院的频次，也是车流的主要来源。医生获得产检结果的渠道仅仅来自本院检查部门的反馈，因此，即便是一些普通检查，大部分孕妇也不得不前往预订分娩的医院进行产检，加剧了本来有限的医疗资源的消耗。有时，孕妇身体感觉有些异样，在没有得到医生的专业指导意见时，即便可能属于正常反应，为了保险起见，也会前往医院就诊，此类非必要的就诊也会增加车流。

- 前往医院的出行方式单一。自己开车比起坐公交、地铁更安全舒适，或者没有其他通行方式选择，导致自驾现象普遍。再者，家庭高度关心，产检陪护现象普遍，使得医院门口的车流和人流进一步加大。

根据问题深层次的原因，要克服问题带来的危害，在解决该问题时会遇到以下挑战。

- 资源不均、地域受限、规划滞后：导致这个问题的原因并不是一个城市的医院数量不够、医疗资源不足，而是医疗资源在一个城市中分布不均匀。

  虽然各区域的医院数量可以按照相应的居民人数予以匹配，但医院的品质和口碑需要依靠早期基础和长期积累，总有相对的高低之分。人们对于健康的重视使得大家更愿意选择口碑好、声望高的医院救治，导致越好的医院，来的人越多。而好的医院由于有一定的历史，位置往往在城市早期的核心地段，没有发展的地理空间，停车位有限，也很难修建新的停车场。

  由于整个城市的医院数量是够的，各个区域也有居民与医院数量的合理配比，并不是缺少医院，因此，也不能盲目新增高端医院的分院。况且优秀的医生数量有限，培养也有较长周期，即便新建了一些建筑和基础设施，也并不能满足患者的就诊诉求。此外，要建设一座完整的医院还有很多其他复杂因素需要论证。

- 部门众多、模式缺失、资金不足：该问题涉及医院本身及其上级管理部门卫健委、管理路边停车的城管部门和管辖城市道路的交管部门。因此，它是一个跨部门管理的应用。此外，如果一味地让政府通过投资或补贴的形式来解决停车难问题，也会给地方财政增加负担，而且可能会形成一个无底洞，终究不可持续。

2. 解决方案

针对以上分析的困扰、原因和挑战，利用如图 5.10 所示的整体解决方案来治理优质妇产医院停车难问题。

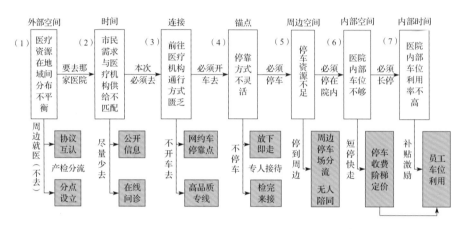

图 5.10 治理热点妇产医院停车难问题的解决方案

（1）解决医疗资源在地域间分布不平衡问题

由于产检是妇产医院的主要就医流量来源，且完成普通产检对医疗资源的依赖度并不高，技术成熟、流程标准、操作简单，知名医院可根据前来就诊的产妇家庭住址分布，在城市中几个需求密集区域选择合适的地点分别设立产检分中心或者分检室。该类产检中心只需要为数不多的几个房间和少量产检设备，共用医院的同一套信息系统，将产检结果录入系统中供医生查阅。该模式较设立新的医院要容易很多，具有占地小、成本低、部署快、可行性高等优势。

另外，一些医院之间也可以签订协议，相互认可彼此医院出具的产检结果。以上举措可以让产妇就近产检，在大大地分流就医流量的同时也给产妇带来舒适的体验，并节约了家人的通行和陪护时间，医院也可以以更少的投入接待更多的产妇，提高了整个社会的运转效率。

目前已经有先进的医院采用了此举措，取得了很好的效果。这条解决方案在空间维度延展了医疗资源，分散了人流，让相当一部分产妇在大部分时间里可以不用去某家知名的妇产医院。

（2）解决市民需求与医疗机构供给不匹配问题

除了产检外，有时产妇还是希望去那家医院，如初次遇到身体有某种特别感受、心里没底等。此时，可通过建立医患之间的信息通道，让产妇减少无谓的就诊。

例如，通过基于互联网的在线问诊，产妇可以随时跟医生在线文字沟通甚至直接视频通话，描述自己的身体状况。如果属于正常现象，医生可以安抚产妇在家做适当调整，无须前往医院。

另外，可以通过互联网公布医院预约情况、就诊人流、停车排队情况等，让产妇更加合理地决策是否前去就诊，以及何时去就诊。该举措在空间和时间维度上延展了医疗资源，提高了使用效率，让就诊者可以在家、在任何时间段（包括医院下班时间）都能使用医疗资源，从而降低了前往医院就诊的线下流量。

（3）解决前往医疗机构通行方式匮乏问题

即便有了以上两条举措，还是有很多情况下患者需要去医院就诊。此时，通过提供合适的通行方式，可以进一步降低来访车流。

例如，类似给学生提供的接送校车，可以为孕妇提供安全、高端的接送服务，每辆车一次接送数量不多（如 6 名左右）的孕妇，车上配备专业孕妇座椅、简易监测设备和 1 名陪护人员。车辆上门接送孕妇，直接送至医院的门诊部门内部，再由专人引导陪同检查。孕妇可以提前几天通过手机预约来访时间，根据就诊需求，利用智能算法合理规划车辆线路，实现高效接送孕妇。此类服务可以让专业的公司来运营，使用该服务的孕妇支付相应的服务费用。

该模式有以下优点：首先，更加灵活地满足了孕妇就诊需求，提供了更加安全、便捷的通行方式和舒适的产检体验；其次，释放了家人陪同的时间，避免了自驾停车的烦恼，降低了医院的非必要人流和车辆停靠，提升了整个医院的资源利用率；再者，创造了新的商业模式，既解决了医院停车难的问题，避免了一味依靠政府的投资补贴，还带动了新的产业和增加了就业机会。

如果就诊人员希望自行前往，可以提供出租车、网约车的专属停靠点和快速进入通道。该停靠点与私家车停车场分开，不会陷入车流长龙中，在停靠点下车后有快速步行通道直达医院大楼，使得乘坐此类交通工具出行的就诊人员享受到更加快捷的服务体验，降低选择自驾的意愿度。通过让网约车即停即走，避免制造车流等待的长龙和长时间占用停车位资源。

这条举措在就诊者和医院的连接方式上延展了医院有限的资源，分流了自驾车流，降低了对停车位的需求。

（4）解决停靠方式不灵活问题

即便有以上举措，仍然有家人坚持自驾陪同孕妇前往医院产检，此时可以在停靠方式上提供放下即走和检完来接模式，从而减少来访私家车的停车需求。该模式对于身体健康、状态良好的孕妇比较实用，不少居住在城市内的年轻夫妇采用了该模式。丈夫把妻子送到医院后，自己继续开车上班；由于当前即时通信方式很多，等孕妇快完成检查前，计算好时间，提前告知自己的家人驱车前来接送。

采用该模式的私家车可以使用网约车、出租车停靠点，孕妇也可以使用停靠点附近的直达步行通道。这样可以进一步激发私家车采用该模式。

（5）解决停车资源不足问题

总有一些时候孕妇家人需要陪同孕妇自驾前往医院，并希望全程陪护，停车无法避免。此时，可以联动医院周边的停车位资源（如商场、酒店、饭店的可用停车位）进行分流。这些地方的车流量跟医院有互补的趋势，医院的停车高峰期在工作时间，此时商场和酒店里空车位较多，它们的高峰期在下班后。

当医院即将出现车位紧张的情况时，在互联网和移动应用上发布周边可用车位的信息，引导自驾车主前往周边空闲车位停靠。同时在线下、离医院较远处就提前设置好分流、引导标志和引导人员，避免所有车辆都到达医院入口才被告知没有车位。对于周边的商场和酒店，停车产生的收入可用于改善其经营环境。

（6）解决医院内部车位不够问题

有时患者病情较重或身体较弱，必须将车开到医院的大楼前，以减少患者与外界接触的时间，车只能停在医院内部。此时可以通过阶梯定价的方式来收取停车费，用比平常价格更低的计费机制来鼓励短停快走车辆，而对于长时间停放的车辆收取远高于短时间停靠的费用。该方式可以让自驾车的平均停留时间缩短、单次停车费用下降，而医院的停车费总收入增加。

例如，假设一家医院有 100 个车位，医院每天工作 14 个小时，之前采用每个车位每小时 6 元的固定计费模式。这种收费模式下，6元是最小单次停车成本，每位车主停车时间越接近（但不超过）1 小时，个人收益越大。因此，每辆车的平均停车时间就接近 1 小时，每位车主的单次停车成本约为 6 元。假设所有车位都满负荷运作，医院车位一天的总收入为 100 个车位 ×6 元 ×14 小时 =8400 元。

现在改成以下阶梯定价模式：15 分钟及以内 2 元，15 分钟以上 30 分钟及以内 5 元，30 分钟以上 45 分钟及以内 8 元，1 小时及以上每小时 12 元，1 天 150 元封顶。

采用该模式后，车主会选择尽快离开医院，停车时间会逐步贴近其真实需求。假设车主在以上 4 个时间区间里停车数量的分布为 20%、60%、10%、10%，为了计算简单，平均停车时间变成了 0.2 × 15+0.6 × 30+0.1 × 45+0.1 × 60=31.5 分钟，约为 30 分钟，实际时间会更短，因为每次停车都不会达到时间区间上限。

此时车主的单次停车成本为 0.2 × 2+0.6 × 5+0.1 × 8+0.1 × 12=5.4 元，比之前的 6 元低。但由于平均停车时间缩短，一个车位一个小时内可以服务两辆车，此时医院车位一天的收益是 100 个车位 ×2×5.4 元 × 14 小时 =15 120 元，实现了医院车位收益更多、车主停车更便宜、更多人可以停车的三赢局面。

（7）解决医院内部车位利用率不高问题

根据现场调研，医院内部工作人员的自有车辆也占用了一定的车位。这些车辆停在车位上一整天，利用率非常低，让本来有限的车位变得更加紧张。但员工上下班自驾也是基本需求，不能简单禁止。

针对此情况，可以通过向医院员工补贴停车费的方式来激励大家把车停在周边停车场，医院给出的停车补贴略高于周边停车场的停车费。这样员工把车辆停在外面时间越长，个人收益越大，积极性越高。医院内部的车位空出来后给广大市民使用，通过阶梯定价收取停车费，获得的增收部分用来补贴员工的停车费用，形成闭环反哺，无须政府补贴和医院增加额外投入。

第三篇

一网统管的未来
发展方向

治理和服务是一个城市中相辅相成的两种能力，治理的目的是提供更好的服务，服务沉淀的数据反过来提升治理的能力，两者相互支撑，推动城市不断发展，最终实现居民和政府对于城市的共建、共治、共享。通过"政府运行一网协同"实现"城市治理一网统管"和"政务服务一网通办"的双网融合将成为未来的发展方向。

　　本篇将重点探讨双网融合的必要性、价值和方式。为了让读者能更深入地了解双网融合的方式，本篇也简单介绍了下一阶段"政务服务一网通办"和"政府运行一网协同"的定位和功能，并列举了以一网协同作为桥梁来实现双网融合的应用场景。

第6章

一网统管和一网通办的融合

在不久的将来，通过"政府运行一网协同"实现"城市治理一网统管"和"政务服务一网通办"的双网融合将成为发展方向。

一方面，利用一网统管的治理体系（包括治理队伍和系统）来延展政府提供城市服务的范围和能力；利用治理过程中归集的数据来提升服务的品质和温度。

另一方面，利用服务过程中沉淀的数据来增强对城市现状和需求的理解，从而提升城市治理水平和精细化程度；利用服务的能力及时化解治理中的矛盾，满足居民的诉求。

治理和服务作为城市中相辅相成的两种能力，推动城市不断发展，最终实现共建、共治、共享的社会新格局。

在双网融合的格局下，一网通办、一网统管和一网协同也都会被赋予新的内涵和外延。政府运行一网协同既是城市治理、政府办

CHAPTER

6

公和服务审批三类应用的入口，也是政府办公系统的底座，它连接
政府侧城市治理和政务服务队伍，也成为贯通治理和服务应用的
桥梁。

6.1 政务服务一网通办

如图 6.1 所示，新一代的政务服务一网通办不仅是市民和企业访
问政务服务的入口，也会成为居民参与城市治理的通道以及政府改善
民生的窗口，同时满足以下三个定位。

1. 市民访问政务服务的入口

这个定位是传统意义上的一网通办，如图 6.1 的最左边部分所
示，即政府把对居民和企业的政务服务集中到一个办事大厅，或者整

合到一个 App 上面，实现一站式办理或不见面办理。根据过往经验，相对于居民，企业因需要长期多次使用工商、税务、社保、补贴、法务等服务，将成为一网通办在该定位下的主要用户。

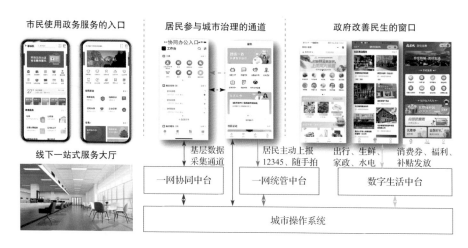

图 6.1　政务服务一网通办的三个定位

2. 居民参与城市治理的通道

这是政府和居民信息互通的一个通道，具有双向互联、精准高效、通而不扰、多层共享的特性。

一方面，通过将 12345、随手拍等应用植入居民使用的移动端，利用这个通道让居民能主动、快速地上报发现的问题和诉求，同时也能了解上报事件的处置进度，及时得到政府的反馈，提升居民参与城市治理的积极性。

具体的实现路径如下：如图 6.1 中间部分绿色箭头所示，居民上报的信息通过移动端应用入口进入 12345 业务系统，再通过业务系统连接到一网统管平台，后者再将用户上传的数据写入数字底座（如城市操作系统），同时将业务指令分拨到相关部门处置。其他部门处理后，将事件处置状态反馈给一网统管平台，后者修改数字底座中事件的状态描述。用户后续可以再次利用移动端上 12345 应用入口查询之前提交的事件状态，一网统管平台也可以主动通过下发消息提示用户事件状态已变更。

另一方面，利用该通道，政府尤其是基层工作者可以高效、精准地收集在基层治理工作过程中需要居民填报的信息（如疫情防控等）。基于信息安全和政府的工作性质的考量，这个通道并不是实时的直连通道，而是政府工作人员和居民在不同的端上分别使用不同的应用，通过数字底座来实现数据的高效但非实时联通。

此外，也考虑到少量的公务员无法跟大量的居民实时通信，此类非直连通道既能收到居民的信息，也能确保公务员能专注工作，做到通而不扰。之后，利用该通道，不同层级的政府员工可按照权限设置访问不同颗粒度的信息，做到多级共享。

具体的实现路径如下：如图 6.1 中间部分红色箭头所示，利用该通道，工作人员基于业务的需求可灵活、高效地配置数据填报的内容及格式，生成填报链接，之后通过多种渠道将该链接下发给用户，如在小区张贴二维码或通过短信、邮件、微信等方式通知。

用户通过链接在居民侧的入口打开填报表格，在填写过程中通道自动填充该用户之前已填报过的可复用信息，如家庭住址、成员等，提高填报效率。同时，通道会要求用户在提交填报结果前进行相应的身份认证，如活体人脸识别等，确保填报的信息精准有效。提报的数据写入数字底座供相应业务使用，政府工作人员按照权限和需求分级、分策略访问。例如，在某社区的全员核酸检测过程中，为了上门排查，基层网格员可以获得尚未完成检测的居民的详细住址；卫健委为了做好服务，更关心预约了核酸检测的居民信息；而区市一级领导只需要查看关于排查进度的统计信息。

3.政府改善民生的窗口

为了能让老百姓有获得感，改善民生，政府还需要搭建平台，让优质的企业为居民提供出行、食品、家政、康养、快递等民生服务。在该定位下，居民成为主要用户，各种民生服务由第三方企业提供，而非政府本身，这与政务服务不同。

同时，为了刺激消费，拉动经济，政府也需要利用这个窗口发放相应的福利和补贴。利用政府的消费刺激政策和资源发放，平台上的各企业可获得额外的用户流量和交易规模，相应的数据也要沉淀在数字底座上，辅助政府制定刺激消费的政策和改善民生的措施。

6.2 政府运行一网协同

在过去的几十年里，政府内部的管理和运行也逐步向着信息化方向演进，各种办公自动化（Office Automation，OA）系统应运而生。OA系统通过对业务进行流程化、数字化、线上化改造来提高政府部门的工作效率。由于各部门、各区域业务形态不一，信息化发展阶段不同，使得大量的OA系统逐个产生、共存运行。

例如，区政府有自己的OA系统，市委办局也有自己的OA系统，市委市政府可能也有自己的OA系统。除了OA系统之外，还有一些跟部门业务相关的其他应用，致使政府的工作人员不得不在一部手机上安装七八个应用程序。在处置一件事情时，需要登录多个系统并来回切换，使得OA系统对于提高政府工作效率的价值大大消减。在社会和国家不断加速发展前行的大环境下，当前的OA系统渐渐无法满足政府高效运行的需求。

针对此问题，不少发达城市提出政府运行一网协同的理念。一网协同是政府办公系统的底座和应用入口，它通过信息连接一组政府工作人员来共同完成一个任务，通过统一底座、统一入口和能力连接来实现政令下达高效精准、信息上报实时通畅、部门协同紧密有序三大业务价值，具有针对政府场景、以任务为中心、提升协同效率和确保深度安全四大特色。

6.2.1 在业务和技术架构中的定位

如图 6.2 所示，新一代的政府协同办公系统将成为政府办公系统的底座和应用入口。

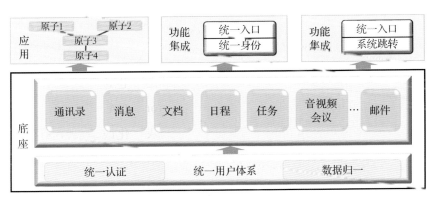

图 6.2 新一代政府协同办公系统的业务和技术定位

1. 系统底座

该底座提供不同政府办公系统中公共的原子能力，如通讯录、消息、文档、日程、任务和音视频会议等，并建立统一用户体系。利用底座里的原子能力，可以像搭积木一样快速构建上层应用，并降低开发成本。统一用户体系实现用户在不同应用间的统一认证，避免重复输入账号和密码；同时确保用户使用不同应用时的记录能归集到一处，实现数据归一。

2. 应用入口

新一代的协同办公系统为政府工作人员提供统一入口，面向三类业务应用，提供三种应用接入形式，实现三种入口展现形态。

- 三类业务应用：城市治理一网统管的应用、政府办公 OA 系统等和政务服务应用的审批端，实现端口融合。
- 三种应用接入形式：第一种应用接入形式基于底座原子能力的组合搭建新应用；第二种应用接入形式把现有应用接入协同办公系统的入口中，并利用统一用户体系来减少重复的身份认证，现有的 OA 系统和业务应用可通过该形式接入；第三种应用接入形式把现有应用链接到统一入口，但不存在身份认证，如英汉词典等工具就无须身份认证。
- 三种入口展现形态：入口可以有移动 App、桌面电脑应用端和网页版本三种展现形态。

6.2.2 功能定位

政府运行一网协同是"通过信息连接一组政府工作人员来共同完成一个任务"。对这句话从后往前逐一拆解，包含以下四个关键点。

1. 任务

以任务为中心，而非以人为中心，这将显著改变整个产品的形态，区别于以人为中心的社交软件。在政府办公场景中，大家联络沟通的目的主要是完成一件事情，或者说是一项任务。任务的创建、参与、执行和总结将成为产品设计的主线。

2.共同完成

强调协同效率，而非个性化体验。这点可通过将原子能力有效连接起来提升工作效率。

3.工作人员

强调安全、严谨和简洁。由于政府工作的特殊性，对信息安全的要求比企业和互联网应用要高很多，且有一些体制内的工作习惯和规则需要遵守。例如通讯录中的领导排序、跨层级的沟通关系、信息流转顺序、督办机制等，尤其在信息安全方面需要做到以下五点。

- 信创适配、自主可控：适配多种终端和操作系统，支持信创电脑使用，避免在底层系统中存在后门。
- 分级管理、多元认证：市－区－街道多级授权、分级管理，通讯录可见性按照政府工作机制可配可控；支持手机号、邮箱、CA、短信等多种认证方式。
- 全链保障、多重防护：终端、存储、通道、后台构建全链路保障体系，每个节点专项提供多重防护策略。
- 阅后即焚、全程追溯：重要信息阅后可销毁，消息防转发、截屏，文档转发可追溯，审计日志可倒查。
- 政规引领、技管并重：紧密围绕政府体制和工作模式设立安全管理制度，形成数据分级分类管理规范，强化安全管理。

4.信息连接

依靠数据和技术而非社交关系和组织架构关系来连接人。例如利用智能通讯录、消息等技术模块来构建面向某任务的专班工作组，组成员可能来自不同组织机构，实现灵活的跨部门沟通、协作。

6.2.3 一网协同的价值主张

一网协同通过以下三种价值创造手段为政府创造三大业务价值。

1.三种价值创造手段

- 统一底座：在底座中提供通讯录、消息、日程、任务、文档、音视频会议等政务常用原子能力，将底座开放，让众多企业可以基于统一底层，复用原子能力，像搭积木一样高效组合构建各类应用，既满足政府多样性的需求，也提高了开发应用的效率。
- 统一入口：通过将各种应用和系统接入统一入口，同时提供统一的身份认证，避免重复登录，给用户带来了更人性化、更便捷的使用体验。
- 能力连接：在构建应用时，通过对原子能力高效连接来提升事件处置的效率。这种连接不是简单的跳转关系，中间带有关键信息的传递，可以大大减少不必要的操作。

如图 6.3 所示，一个政府部门（例如街道）在接到上级派发的一项任务时，通常操作如下：

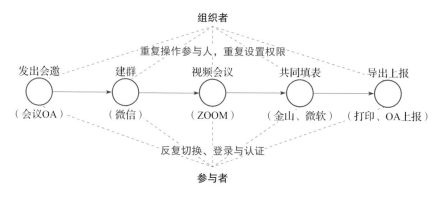

图 6.3　连接提升效率的示例

会前利用会议系统发通知,邀请相关人员在指定时间到指定地点参加某个主题的会议。到了现场开完会后,由于与会人员并不一定都归属本部门,为了防止后续还有事项需要跟进,往往会拉一个沟通群(如利用微信等)。会后如遇到紧急情况,需要即刻协商,可利用视频会议软件(如 ZOOM 等)召开线上会议。

会后有时也会下发一些表格,让各社区填报,此时会用到金山 WPS 等编辑软件。下级单位完成后逐级上报,逐级汇总,最终结果通过 OA 系统上报给上级领导审查。在这个过程中,组织者在不同的软件之间不断设置参与人的名单和权限,参与者在不同的应用中反复登录认证,效率很低。

一网协同不仅可以利用底座中的原子能力替代图 6.3 中各个环节的软件和系统,避免反复切换、登录,更重要的是通过将原子能力高效连接,利用关键信息的自动传递避免不必要的操作。

例如,在发出会邀后,参会人员名单其实已经确认了,利用通讯录和消息组件,完全可以在会议 OA 系统的页面设置一个按钮,一键自动产生工作群组,而无须再用其他软件逐一添加群组人员。在这个连接过程中,会议 OA 系统把参会人员的名单列表和主题传给了消息组件,后者自动生成组,并利用会议主题给工作组命名,之后成员便可在此工作组里发送消息。

有了工作群组后,也可以一键拉起视频会议,不必再到专门的视频会议系统中做重新设置。在会议过程中,也可以利用底座中的协同文档,在线记录会议纪要,多方共同修改,所见即所得。会议纪要表头中的基础信息,如会议主题、参会人员、会议时间、地点等信息都可以自动传递过来，避免再次人工录入。会议决议的行动点也会自动转变为相关责任人的任务，无须逐一手动创建。

下发的用于信息收集的表格也可以多方同时编辑，多级实时可见，无须逐级汇总，反复合并。因此，图6.3中连接各原子能力的红色箭头带来了巨大的效率提升，是价值创造的主要手段。

2. 三大业务价值

- 政令下达高效精准：在没有政府运行一网协同前，市一级的政府文件需要逐级下发流转，要传达到每一位基层工作者，需要较长的时间，无法满足像疫情防控之类有高时效性要求的场景。

  例如，一个城市的疫情防控政策随着疫情的瞬息万变，可能每天都在调整，如何让基层工作者第一时间了解相关政策，保持信息一致，及时更新，需要一个强大的政令下达通道。利用政府运行一网协同，采用全员广播的方式，市领导可以在秒级时间内将政令直接下达到每个层级的每一位公务员。此外，对于在一定时间后仍未阅读相关信息的工作人员，可以做二次自动补发提醒。

  在一个部门或者专班工作组中，也经常需要下发通告，对于重要事项的通知，还需要确认成员均已收到。此时，常规的即时通信工具（如微信群等）也无法满足需求。

  一网协同的组通知功能可以实时统计组内已读组通知的用户，给出未读人员列表，并提供一键补发通知的能力。当组管理员单击了补发通知后，系统将发送一对一消息，甚至可以通过短信等其他渠道精准提醒未读通知的用户，既确保人人都能收到通知，也避免了在群组内反复发送重复信息，影响工作体验。

- 信息上报实时通畅：在政府工作过程中，按照不同层级统计各类信息，然后逐级上报是工作常态。

  例如，在疫情防控的场景下，需要统计各社区、街道、区乃至市一级的确诊病例和密接人员，这个过程漫长而痛苦。一般从各个社区工作人员开始，按照每个人负责几个住宅小区的分工方式，通过上门排查、人工录入表格，再回来汇总，然后上报到街道。街道将不同社区上报的表格再次汇总后，上报到区政府。区一级工作人员将各个社区上报的数据再一次汇总后，上报到市政府。这里不断地上报合并，给各级公务员都带来了巨大的工作量。

  另外，基层工作者无法高效获得居民的信息，挨家挨户地上门排查效率很低、工作量巨大。居民也常常接到来自不同渠道的寻访，反复填报重复信息，体验不佳。

  利用一网协同中的任务和共享文档功能，在设置好信息模板后，各级工作人员可以同时在线填报各自部分的内容，数据可按照不同口径、层级自动汇总统计。一旦某个层级或部门的数据修改，统计数据自动更新。不同层级的工作人员按照权限分别查看各自相关内容。

  此外，利用政民互通的通道，基层工作者可以灵活定制需要采集的内容，生成链接下发给居民填报。居民在自己的终端上打开链接，填报信息，在完成身份认证后，被采集的数据写入数字底座，各级政府工作人员按照权限获取相应信息。

- 部门协同紧密有序：在政府工作过程中有大量跨部门协作的需求，例如在一个工作专班中有来自商务、发改、工信等不同部门的人员，为了完成一个共同的任务，大家需要紧密协作、频繁沟通。

过往此类协同主要依靠成立专班、定期会议、领导调度、发文督办来推进。任务的进展也都依靠大家在会议过程中汇报，遇到问题也需要上会时才能解决，时效性较弱。

利用一网协同中的任务模块，创建具体任务，描述任务内容、时限和关键产物，设置相关人员及权限，添加附属文档。之后可以实时查看任务的状态和进度，发掘堵点后可对具体人员进行催办。

通过已创立的任务可以一键产生相应的工作沟通群，任务参与人员自动进入群组，方便大家及时同步信息、传送文档。一个任务可以开启专属视频会议号，方便工作组随时通过视频会议交流决策。一个任务还可以包含若干子任务，每个子任务都具有以上描述的群组、消息、视频会议、进度管理和催办等功能。

6.3 双网融合

6.3.1 双网融合的必要性和价值

1. 双网融合的必要性

从功能、目标、人员、系统和数据五个层面来看，一网通办和一网统管都有融合的必要性。

- 功能互补、不可分割：城市治理和政务服务两者的功能协同才能为居民和企业提供有质量的生活和工作环境，两者不可分割。

  例如，政府为一个区域新建了一所小学，之后既需要学区划分、报名入学、疫苗接种、幼儿保险等政务服务，也需要通过城市治理来保障学校内部的消防安全以及管理周边地区的交通、停车和环境卫生。两者的功能互补，必须同时并存才能让这所学校正常运转，为学生提供优质的教育环境。

- 目标闭环、相互促进：城市治理的目的之一是更好地保障服务，政务服务能解决很多治理问题的根源，两者的目标相互促进，形成闭环。治理和服务两者之间本来就有相互增强、互相支撑的关系，一边防、管、治，一边疏、服、解，只有实现双网融合，才能发挥两者相辅相成的作用，推动城市不断发展，最终实现共建、共治、共享的社会新格局。

- 人员复用、高效协作：城市治理队伍更贴近线下、基层和前线，政务服务队伍多集中在线上、中枢和后台。两者人员结构互补，能力相互支撑，可以节约政府开销，减少财政负担。

  当城市规模变得越来越庞大、业态发展越来越复杂、运转速度越来越快时，如果不能通过双网融合来实现人员的复用和协作，也意味着需要越来越多的政府工作人员来维持整个城市的运行和服务，导致一座城市的公务员人数比例不断增加、财政负担不断加重，这显然是不现实、不可持续的。

- 系统互联、优化配置：目前，一网通办和一网统管都已经建立了大量的信息化系统，双网融合可以进一步优化资源配置，更大限度地发挥已有系统的价值，避免资源浪费和重复建设，这对一个城市乃至国家的可持续发展也至关重要。

- 数据融合、价值互利：治理和服务的数据融合能让我们更好地了解城市现状、预知需求、识别风险、调度资源、处置事件，因此可以大大提升服务和治理的能力，让两者利用彼此的数据创造更大的价值。

2.一网统管对一网通办的价值

- 延展服务范围：利用一网统管的治理队伍来延展提供政务服务的范围。

  由于政务服务通常是通过线上 App 和中枢式政务办理大厅两种方式提供，政务服务的审批人员也大都在后台工作，而使用政务服务的居民和企业都存在于社区和园区这些基层和前线地带，在使用政府服务的过程中，这些用户也常常会遇到问题，需要工作人员帮助。

  如果政务服务也安排一支一线队伍，必将造成人力资源的浪费，加重财政负担。此时，通过双网融合，长期工作在基层的网格员、城管员和街道办事处工作人员就能成为一网通办的前线力量，他们离群众最近，最了解基层需求，也深得信任；可以帮助答疑解惑或者把用户的问题反馈到相应的政务服务部门，让后台政务服务人员也能解决前线的问题，从而大大延展了一网通办的服务范围。

- 增强服务能力：通过打通一网统管和一网通办的系统，提升一网通办的服务能力。

  在双网融合没有实现前，即便有一网统管系统，网格员也愿意帮助居民，关于政务服务的需求也很难转发至相应的政务服务部门，导致事件处置效率降低。

  双网融合实现后，一网统管的基层工作人员可以非常便捷地将一线用户的需求反馈到一网统管中台，后者以工单的形式转发至一网通办中台，并进一步分拨到相应政务服务部门的业务系统，让居民的问题可以快速得到解决，从而大大增强了一网通办的服务能力。

- 提升服务品质：利用治理过程中归集的数据，更好地了解用户和他们的需求，从而提升服务的品质和温度。

　　例如，网格员在基层治理的过程中收集了社区里孤寡老人等重点人群的信息，发现有些老人符合条件却没有主动申报社保补贴和医疗关照，通过双网融合打通数据，人社和卫健委等政务服务部门就可以主动为这些老人提供精准的服务，让服务变得更加主动和有温度。当发现某个街道里独居老人数量众多，还可以在相应社区里设立健康小屋之类的健康服务基础设施，让老人在社区就可以定期接受常规检查。

3. 一网通办对一网统管的价值

- 化解治理难题：利用政务服务的能力及时化解治理中的矛盾，从根本上解决问题，满足居民的诉求。

　　例如，城管在治理占道经营或无证摆摊的事件时，如果只通过围堵、取缔和处罚，很难根治这类问题。对于有些条件具备，只是资质不全、缺少场地的商户，可以通过向其提供相应的工商服务和扶持政策，通过合法渠道让其规范开店、持证经营、依法纳税。

- 提升治理水平：利用服务过程中沉淀的数据来增强对城市现状和需求的理解，从而提升城市治理水平和精细化程度。

　　例如，根据报税、社保和五险一金的缴纳情况，可以更加精准地掌握社区内的家庭结构，辅助制订幼儿园和小学的建设规划。根据社区居民使用生鲜、快递、出行、家政等服务的数据，可以助力合理规划街道内的便民服务站、蔬菜供应点和物流车辆停靠点等，提高治理工作的精细化水平。

根据企业的纳税、社保、研发投入、知识产权等政务服务数据，了解企业现状和发展趋势，从而在工业园区的治理过程中，为企业创造更好的工作环境和发展空间，例如为优质企业有针对性地预留更多停车位、人才公寓、仓储设施和运输车辆的绿色通道等。

6.3.2 双网融合的实现路径

如图 6.4 所示，双网融合可以通过一个数字底座、四个业务中台（一网统管中台、一网通办中台、一网协同中台和数字生活中台）、两个应用入口（政府侧入口和居民侧入口）、双实体中心（城市运行中心和政务服务中心）来实现。

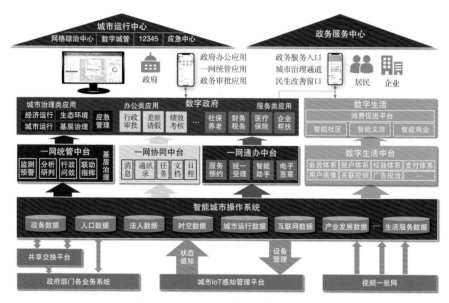

图 6.4 双网融合的实现方式

1. 一个数字底座

首先建立一个数字底座，如利用智能城市操作系统，实现城市数据一网共享。该底座向下连接各政府垂直业务系统、城市 IoT 感知管理平台和视频一张网。

如果之前政府已经建立了共享交换平台，可以将交换平台跟该数字底座连接，存量数据仍通过共享交换平台调取，增量系统和数据直接汇聚到数字底座。

城市 IoT 感知管理平台连接城市中的各种物联网设备，并将数据汇聚到数字底座，同时也接收来自数字底座的指令，反控物联网设备。

视频一张网连接城市里各类摄像头，并将视频数据融合、汇聚到数字底座。数字底座向上支撑一网统管、一网通办和一网协同三大体系，这些体系产生的数据都会回落到该底座。

2. 四个业务中台

● 一网统管中台：在此数字底座之上，一网统管中台提供分析研判、监测预警、联动指挥、行政问效、基层治理等通用核心能力，向上支撑城市运行、应急管理等跨部门创新应用，如共享单车治理、危化品管理、群租房治理、隔离人员转运等。

● 一网通办中台：提供服务预约、统一受理、智能助手、电子签章等公共组件，向上支撑社保、公积金、医疗、税收、工商等政务服务。这些政务服务既可以被集成到线上 App，也可以被线下一站式服务大厅调用。这些政务服务应用既有居民和企业发起服务请求的客户端，也有政府工作人员进行受理和审批的服务端。

- 一网协同中台：提供通讯录、消息、文档、日程、任务和音视频会议等原子能力，向上支撑差旅请假、行政审批、会议管理、绩效考核等应用。

  一网协同中台也是一网统管和一网通办连接的桥梁。利用协同办公的通讯录，可让城市治理和政务服务人员快速找人、组建跨部门专班，通过消息、会议等能力让两拨工作人员充分沟通、高效协作、能力互补。通过任务组件让团队在处置事件过程中高效协同、快速执行。

- 数字生活中台：提供会员、权益、积分、支付等通用能力，让更多的企业能基于平台的能力为居民提供智慧社区、智慧出行、物流快递等民生服务。此外，该中台通过灵活配置的方式，帮助政府快速发放补贴和消费券，降低政策实施的成本。

  同时，通过智能算法，有效设置补贴策略，如消费券在不同场景中的额度和减免力度，增强消费刺激效果。最后，该中台帮助政府沉淀消费数据，辅助制定与消费相关的政策。

3. 两个应用入口

在一个数字底座和四个业务中台之上，有一个政府侧的统一应用入口和一个居民（和企业）端的应用入口。

- 政府侧入口：政府侧入口既是城市治理一网统管应用的入口，也是政府工作人员使用各种办公系统的入口，还是政府人员受理和审批政府服务的入口；这个入口还包含了辅助决策、新闻咨询和常用工具等应用，使得任何与工作相关的事情都可以在这里完成。

  政府侧入口有手机移动端、桌面电脑端和网页版三种形态。通过如图 6.5 所示的移动端统一入口，政府工作人员可以开展所有业务，避免了安装多个应用程序，记住多套账号密码。通过统一身份认证，只需一次登录便可长期使用各种应用，无须反复认证，既能高效办公，也能治理城市，还能快速完成政务服务的受理和审批。

利用一网协同中台的能力，政府侧入口还能帮助工作人员快速找人、组建专班、传递信息、召开会议、推进任务，让一网统管和一网通办的业务和人员更高效地融合并发挥更强大的力量。

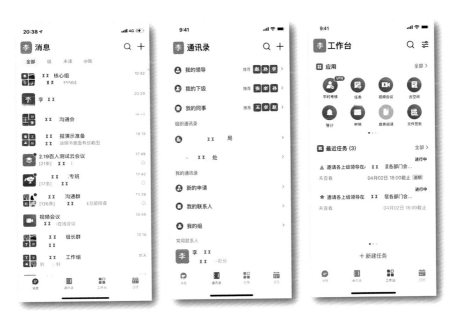

图 6.5 双网融合中政府侧入口的移动端示例

● 居民侧入口：双网融合的格局中，居民侧（包括企业）也只需要一个统一入口，该入口接入各种政务服务，如住房公积金查询、养老保险、工商税务等；也接入智慧社区、智慧出行、物流快递等第三方民生服务；同时也提供12345和随手拍等应用的入口，并利用数字底座跟一网统管和一网协同中台打通，形成居民参与城市治理的通道。

其中，居民侧的12345、随手拍等应用通过业务系统跟一网统管中台联通，让居民上报的事件得到及时处置和反馈。基层工作者利用政府侧移动端和一网协同中台，通过数字底座向居民下发信息征集表。居民在自己的移动端完成身份认证和填报，确保信息准确，再通过数字底座将填报好的信息回传到一网协同中台（参看图6.1中间部分及描述）。这些居民填报的信息也可以直接被一网统管中台和上层应用调用。

4. 双实体中心

构建城市运行中心和政务服务中心两大实体机构，两者对应的一网统管中台和一网通办中台相互联通，可以互传事件和指令；两个中台均基于数字底座搭建，实现治理数据和服务数据在同一底座的汇聚共享；两个中心的工作人员通过一网协同系统高效沟通协作。

- 城市运行中心（或市域治理指挥中心）：成立一个有行政级别的实体机构，整合数字城管、网格综治、12345和应急等跟城市治理高度相关部门的职能，实现一体化运作。

  同时，该机构作为业务单位与大数据局形成上下配合关系，以城市治理为业务抓手牵引大数据局归集分散数据；大数据局做好底层数据能力的支撑，确保上层城市治理业务能顺利开展。同时建设配套实体建筑，包含一个指挥大厅、一些小型作战室和若干会议室等主要场所。

- 政务服务中心：为企业和居民提供线下一站式政务服务。

一方面，该中心通过一网通办中台连接后台各政务服务部门的业务系统，利用同一窗口统一受理材料，避免用户在业务办理过程中面向多个部门，提升用户体验和办事效率；同时也帮助后台部门提前审核材料，及早发现问题，加速后续的审批流程。

另一方面，该政务服务中心通过政府运行一网协同系统连接基层工作者，利用基层治理的力量为企业和居民提供咨询、辅导等前置服务，在遇到复杂问题时利用一网协同的消息、视频会议等能力连线答疑解惑，帮助政务服务大厅合理分流，减少无效前往，提高审批效率。

6.3.3 双网融合的应用场景

1. 一网统管拓展一网通办的范围和能力

（1）问题描述

很多城市都已经构建了一网通办体系，该体系通常包括一个线上App 和一个线下政务服务中心。线上 App 整合了各种部门的政务服务入口，提供不见面办理。线下政务服务中心通过人工服务窗口统一受理各种请求，希望提供"最多跑一次"的一站式政务服务。

由于很多业务还是需要当面递交材料，且线下政务服务大厅的窗口、工作人员等服务资源有限，容易在大厅造成排队和长时间等待等现象，影响了政务服务效率和体验。如何建设一个高效的政务服务中心，提供优质、舒适的线下服务是很多政府部门的核心诉求。

要解决该问题，除了要提高政务服务中心内部的工作效率外，更重要的是要在政务服务中心的外围想办法。

由于一网通办的服务对象（包括居民和企业）大部分时间都在社区和园区，一网通办体系通常是被动响应用户需求，缺乏主动、反向接触用户的渠道。而有些政务服务需要一定的前期咨询、辅导和场外服务以及合理分流，才能实现来大厅后的高效办理，这些都超出了现有一网通办体系的能力。

如果居民和企业需要使用政务服务时直接进入政务服务中心，一定会产生额外的沟通成本和反复处置的代价。

例如，居民和企业本来可以线上办理的业务也去了大厅，浪费了线下资源；不知道有线上提前预约渠道，未能选择合理的时间段前往政务服务大厅，导致长时间的等待；材料准备不全，导致多次往返才解决问题。

利用一网统管的治理体系，包括网格员、街道管委会、园区服务岗等线下治理队伍，结合一网协同的桥梁作用，可以给社区的居民和园区的企业提供前期的咨询和辅导服务，从而帮助政务服务大厅有效减量、分流，提高工作效率和居民办事的体验。

（2）执行过程

场景1：企业需要办理某项政务服务，但不知从何处着手。由于园区管委会或者服务岗等类似机构最接近企业，对企业的情况最了解，企业也通常会向他们询问相关事项。如果没有双网融合，政务服务和城市治理业务是割裂的，即便这些一线工作人员有心帮助企业，他们也没有工具和通道。

在双网融合的格局下，管委会成员通过政府侧入口，利用一网通办的智能助手应用，找到相关问题的答案。该智能助手是一个政务服务的知识库，通过搜索关键字便能找到相关业务的办理流程，所有政府工作人员都可以查询。

如果企业或个人涉及的业务是下行的打印业务，如查询和获取社保、公积金的缴纳证明等。基层工作人员可以引导他们前往周边的自助打印机上办理，无须前往线下政务服务中心。

如果企业提出的需求完全可以通过线上 App 办理，园区管委会的工作人员可以引导企业去线上办理，从而减少政务服务中心不必要的人流。

如果该业务需要去政务服务大厅办理，一线的治理人员可以告知企业正确的预约通道，提前规划好行程，避免在大厅的长时间等待。

如果办理的业务需要提交相关材料，一线工作人员可以给予简单的辅导和解释。如果遇到的问题比较复杂，一线的治理人员可以利用一网协同系统，通过政府侧入口联系政务服务中心的业务岗（见图 6.5），通过消息、电话或者视频会议的方式在线辅导企业准备材料。

利用双网融合政府侧入口和一网协同平台，建立起政务服务和城市治理人员之间的通道，让一个政务服务中心的业务人员固定对接几个街道或园区的治理人员，让后者可以在一线为居民和企业提供前置服务，大大拓宽了政务服务中心的服务带宽，减少不必要的流量，合理规划用户来访时间，高效准备材料，并提前处理掉很多问题，大大提高了工作效率。

除了一对一的交流，后台的政务服务人员还可以建立沟通群组，将与之对接的基层工作人员添加进组，对一些共性问题统一解答，对一些政策更新及时告知。这种固定的对接赋能关系也有利于基层工作者积累知识，提高配合默契度。

场景 2：网格员上门看望独居老人时，由于老人不会使用手机，提出了关于社保办理的一些诉求。网格员打开政府侧入口（通常就是一个 App），利用这个入口中一网通办的智能助手应用查找答案。

如果问题简单，可以通过 App 在线完成，网格员可以代为操作。如果该问题需要老人到政务服务大厅办理，则网格员可以帮助老人做线上预约，让老人能有更好的线下办事体验。

如果遇上一些解决方案不太清楚的问题，网格员还可以通过政府侧入口，借助一网协同平台的通讯录、消息、视频会议等原子能力，连线该社区对应的政务服务岗，帮助老人答疑解惑。

如果这个问题非常复杂，需要社保部门派人上门解决。网格员可以利用政府侧入口中的网格化管理应用创建工单，提交老人的一些基本信息和相关证件照，上传至一网统管中台。一网统管中台将该事件转发给一网通办中台，后者分拨到相应的业务部门（如人社局）。

业务部门的工作人员同样利用政府侧入口中的业务系统处置该问题。当业务部门派人上门服务时，网格员可以一同前往，协同解决问题，并确保后续操作的正确执行，如一周后再次激活、认证。

让网格员在一线协助上报问题，可避免各个政务服务部门重复招募大量的基层协管人员，提高了人效，减少了政府的财政负担。同时，网格员对基层情况了解，也深得居民信任，可以主动发现问题，解决问题，让服务更加主动和有温度。

2.一网通办解决一网统管的问题根源

（1）问题描述

在疫情防控期间，有时会遇到某个社区突发确诊病例，需要立即对整个社区的居民做全员核酸检测，以防止疫情的扩散。在摸排完成之前，对小区进行临时封闭管制。由于时间紧、任务重，且涉及多个部门的职责，需要街道管委会作为牵头部门，协同卫健委和综治办来一起完成此项任务。

这里涉及一网统管、一网通办和一网协同三个体系的融合。其中，街道和综治办会接入一网统管体系，承担城市治理职责；卫健委连接到一网通办体系，提供核酸检测、预约、转运和治疗等医疗服务。表面上这是一项城市治理的任务，但全员排查和封闭管制只是手段，核酸检测和后续的治疗服务才是解决问题的关键。

（2）执行过程

利用一网协同系统创建任务专班，邀请相关人员进入任务组（包括街道办事处管理人员、社区管理员、网格员和卫健委工作人员等），设置任务目标和起始时间，以及工作人员的具体分工。通过任务一键创立对应的工作沟通群和视频会议室，用于同步信息和及时协商。利用协同文档创建报数表格，如每个站点已经完成的核酸检测人员记录，让专班成员可以实时同步和自动汇总数据。通过任务工具可以实时查看进度，发现堵点，如有某事项未能按时完成，可通过任务工具催办相关责任人。

此外，利用政民互通的信息通道，专班可以高效、精准地采集居民信息（见图 6.1 中部及描述）。通过政府侧入口，使用居民信息采集应用，基层工作人员可以灵活创建需要社区居民填报的信息表单，如在做核酸检测前需要填报楼号、门牌号、姓名、身份证号和电话号码等基本信息，以节约在核酸检测现场的信息录入时间，该预约信息还可以用来做人员分流，如同一楼栋的居民也可预约不同时段做检测。表单创建后，在数字底座生成数据库和对应的填报链接。

之后通过多种渠道将该链接下发给用户，如在小区张贴二维码或通过短信、居民侧入口提醒等方式通知。用户通过链接在居民侧入口打开填报表格，在填写过程中通道自动填充该用户之前已填报过的可复用信息，如家庭住址、成员等，提高填报效率。同时，通道会要求用户在提交填报结果前进行相应的身份认证，如活体人脸识别等，确保填报的信息精准有效。提报的数据写入数字底座供本次社区全员筛查使用，基层工作人员按照权限和需求分级、分策略访问。

利用数据通道，专班中的卫健委成员可从居民填报的预约信息中获悉每个检测点即将迎来的居民，提前做好准备。由于在双网融合的格局中，一网统管的数据和一网通办已经打通，居民已经填报的预约信息可以直接通过一网通办体系进入卫健委的数据库。一种常用的实现方式是，居民填写完预约信息后，生成一个预约码，到检测点后，工作人员通过扫预约码调取用户已填报信息，并确认其来到现场完成了核酸检测。

各个检测点的工作人员利用一网协同中的协同文档功能，将已经完成了核酸检测的用户信息实时同步汇总，让专班掌握整体进度。现场汇总的已完成信息更加贴近社区的设置，也更加完备，如包括了楼栋、楼层和房间号等信息，其数据组织形式也会有所转变，如按照楼栋和楼层来汇总展现，以便后续排查进度。一旦发现核酸检测有异常，卫健委的员工立刻通过工作群告知整个专班，启动进一步应急预案，如转运隔离。

在全员核酸检测过程中，会有一些家庭未能完成检测，甚至没有提交预约信息。通过将居民填报信息、检测点已检测结果跟社区基础数据（包括楼栋编号、每栋楼的层数和房间号等）比对，可以精准定位到还未完成检测的房间号，并区分出哪些房间已经预约但未完成，哪些房间没有预约。此时，需要网格员或者社区管理员根据此筛查信息上门精准排查。

针对通过上门排查和咨询物业都联系不上的家庭，需要借助公安的户籍中心和人社局来联系业主。此时，网格员可以通过政府侧一网协同的入口，使用网格业务系统，提报信息查询需求。该请求被提交到一网统管的中台，随后被分拨到公安的户籍中心。

如果仍未查到，一网统管中台将请求转发给一网通办中台，后者分拨到人社局等相关部门，由这些部门的工作人员根据自身业务系统的数据库来查询业主信息，并及时通告业主。居民的信息不会离开相应的业务系统，也不会转发给网格员。利用一网统管系统来提交请求，也确保了每次查询均有记录、可追踪，避免居民信息泄露。

（3）价值对比

在一网统管和一网通办没有融合前，用户通过卫健委的系统预约核酸检测，用户的信息、检测的过程和结果都只能在卫健委系统中闭环，有一些跟前线治理紧密相关的信息（如哪些居民已经完成了检测等），街道和社区的工作人员无法及时获取，需要从卫健委系统中事后批量导出，不利于提升治理的时效性。

其次，由于每个社区的情况不一，如楼栋编号、楼层、房屋数量都不相同，根据社区人员数量不同，每次在现场设置的核酸检测点数量也不一样，因此，卫健委的核酸检测预约系统无法为一个社区做精准的定制。即便居民通过该系统完成了核酸检测预约和核酸检测，卫健委也无法确定是否所有社区人员都已经完成了核酸检测，不利于确定整个社区的摸排进度。社区的基本情况（如楼栋、楼层和房间号等）只能靠贴近一线的街道管委会来设置。

此外，由于无法针对社区排查来设置检测任务，还会增加核酸检测时的管理成本，降低用户体验。例如，全市通用的核酸检测预约系统无法实现某社区 10 号楼的居民可预约 9:00 ～ 12:00、13:00 ～ 5:00 和 15:00 ～ 17:30 这三个时间段中的某一段来检测。尤其在寒冷的冬天，让大量居民在户外核酸检测点扎堆排队，既容易造成交叉感染，也很难维持秩序，居民的抱怨度也会增加。这样本来是一个偏重于城市治理的业务，却容易让卫健委的核酸检测预约系统成为工作瓶颈。

在双网融合的格局中，以上问题均可解决。社区的基础设置信息可由街道管委会提供或临时采集。居民的检测预约信息可以利用政民互通的信息通道，根据社区实际情况做精细化、灵活配置（比如包括具体的楼栋、楼层和房间号等细颗粒度信息以及可预约时间段等）。居民的预约信息在一线产生，任务专班可以在第一时间获取，并可以实时查看。卫健委也可以实时共享此数据，开展核酸检测的工作。

利用协同文档，各检测点已完成检测的居民信息也能向专班实时汇总，并根据排查任务转换数据展现形式（如从个体结果转换至按照楼栋和房间号汇总），方便排查进度。

　　城市治理是国家治理体系中承上启下的枢纽，关乎整个国家的发展效率和改革步伐。城市治理一网统管是国家治理在市域范围的具体实施，对守护城市安全稳定的底线、提升城市综合实力的上限和保障城市运行效率有着极其重大的战略意义。

　　一网统管是打通城市各治理系统的业务平台、管理全域的实体中心和整合治理力量的协同模式，通过技术创新、机制创新和组织创新，实现一张网络管全城、一个中心管全域、一支队伍管治理。

　　一网统管的业务范畴既包括狭义的市域社会治理现代化，也涵盖城管、应急、资源环境、经济、文明等多个领域的广义的市域治理现代化；既包括通过政府部门之间的协作可闭环完成的城市治理业务，也涵盖需要政民互通、相互协作的基层治理业务。

　　城市治理一网统管按照"确定建设模式、运用关键技术、搭建核心系统和设计创新应用"的路径来建设实施。

　　一网统管的建设模式按照"组建专班、高位引领、顶层规划"的总体线、"成立机构、创新机制、修筑实体"的机构线、"调研摸排、生态整合、系统搭建"的技术线和"模式选择、资金保障、流程合规"的商务线来明确推进思路。

　　一网统管利用城市状态一网感知、城市数据一网共享、信息流转三屏联动、虚实映射数字孪生等关键技术，搭建分析研判、监测预警、联动指挥、行政问效和基层治理五大核心系统，提供辅助决策、防范风险、协同处置、优化机制、共建共享五大核心功能和价值。

一网统管需要通过上层应用来体现价值、牵引业务和打磨系统。可根据"地方特色、范围普适、横跨部门、数据智能和成果可见"五项标准来选择创新应用的主题，并按照"应用闭环、长短结合、兼容利旧、实战实用"的原则来详细设计其功能。

未来，城市治理一网统管将借助政府运行一网协同实现和政务服务一网通办的双网融合。一方面，利用一网统管的治理体系来延展政府提供城市服务的范围和能力；利用治理过程中归集的数据来提升服务的品质和温度。另一方面，利用服务过程中沉淀的数据来增强对城市现状和需求的理解，从而提升城市治理水平和精细化程度；利用服务的能力及时化解治理中的矛盾，满足居民的诉求。通过两者的功能互补、结果互利、人员复用、系统联通和数据共享，来提升城市的治理和服务能力，推动城市不断发展，最终实现共建、共治、共享的新格局。

ACKNOWLEDGEMENTS ——— 致谢

本书能够成稿，首先得益于住房和城建部确定了城市治理一网统管这个战略命题，在全国范围内开启了一网统管建设的篇章，并为未来的发展指明了方向。

本书汇聚了北京、上海、雄安、苏州、无锡、南通、青岛、淄博、保定、宿迁、大同等多个城市或地区一网统管的建设成果和经验，其间得到了各级、各地政府的大力支持和指导，借鉴了多位政府管理者的先进理念和实践经验。很多项目成果是通过政府和企业的深度研讨、知识融合、共建共创、协同推进所得到的，这也充分印证了一网统管需要技术、业务和机制的协同创新才能完成。

本书得到了国家重点研发计划——"物联网与智慧城市关键技术及示范"重点专项"国家中心城市数据管控与知识萃取技术和系统应用"的支持。城市治理一网统管作为该项目的核心应用场景，促进了城市数据管控与知识萃取技术的理论、体系和相关产品的完善，也为这些技术和产品提供了落地场景，创造了业务价值，增强了示范效应。感谢工信部、科技部创造的机会和给予的经费支持，也感谢项目期间各位专家学者提供的宝贵建议。

本书取材的很多项目的成功，与京东智能城市团队的拼搏奋斗和艰辛付出密不可分。京东智能城市团队自创立起，就恪守客户为先、诚信、协作、感恩、拼搏、担当的价值观，以及相信、专业、坚持的精神，紧跟国家战略，心系社会责任和家国情怀，秉承民族自信和伟大信仰，坚持自主研发和科技强国的道路，塑造世界眼光和国际影响力，致力于用大数据和 AI 打造智能城市，引领世界智能城市的发展，为实现中华民族的伟大复兴奋斗。我在此对跟随我征战多年的团队表示感谢，同时也感谢京东集团各兄弟部门、各级领导多年来给予的大力支持和帮助。

感谢家人多年来对我的理解、支持和照料，特别感谢妻子参与到本书的校稿工作中。

谨以此书献给

智能城市的建设者和用数字科技守卫城市的勇士们！

在本书出版待印刷的过程中，我有幸能带领团队参与到北京市的疫情防控工作中，在市委市政府的指导下，团队深入核心业务场景和抗疫前沿，与政府工作者和专项小组一起深度研讨、同舟共济、日夜兼程、顽强奋战，用数字化系统为基层工作者减负，用技术为疫情防控工作提效，用数据和智能算法辅助政府决策，用科技为市民的健康安全保驾护航。

其间更加深刻地理解到科技在抗击疫情过程中的重要性，体会到数字科技和一网统管对城市治理的价值和意义，自身对超大型城市的治理方法和政府的管理体系也有了更深刻的认知，这些都让科技能更好地与业务和体制相结合，为疫情防控做出更大的贡献。希望更多的信息科学相关专业的毕业生们能够深入一线，了解社会需求和业务痛点，将自身所学的理论、技术与社会、国家的需要结合起来，不断推动社会的进步和国家的发展。

疫情防控过程中涉及很多基层治理的场景、经验和技术，未能及时在本书中体现，略有遗憾。此外，北京在科技抗疫方面的整体布局、深度思考和宝贵经验也非常值得借鉴、推广，待未来有机会再与大家分享。